出汁という宇宙

What amazing DASHi

西山 麻実子
Mamiko Nishiyama

はじめに

出汁という宇宙

もう30年以上も前のこと、私は築地の叔父の店で鰹節の修業を始めました。

私の家では出汁といえば本枯節の鰹節が中心、本枯節鰹節と昆布の吸い物は家庭の味でしたから、そのときたぶん初めて雑節《ざつぶし》の出汁を飲んだのだと思います。叔父は毎日仕入れた鰹節や雑節たちを削り、味を確かめ、出汁を取りそばつゆに仕立てていました。

返しをさまざまな雑節の出汁でわったときの味の変化、その底知れない広がりに驚嘆し、出汁という宇宙へ誘《いざな》われた瞬間があのときだったのは間違いのないことでした。

その日から、おそらく私と出汁の本当の付き合いが始まりました。

さまざまな出汁素材を組み合わせると、そこから料理は無限大に広がります。

日本人のその知恵に驚き、素材そのものの持つ力強さに感嘆することは今も変わらず、探究には終わりがありません。

世の中で最初に、昆布と鰹節、という組み合わせのお出汁を飲んだ人の感動を想像すると、先達はよくぞこの組み合わせに気づいてくださった、と思います。


そして今。

出汁をひき、料理にその美味しさを生かしていくこと。

これは狭い日本食の範疇を超え、世界じゅうに広がりを見せています。

そこに限りはありませんし、タブーもありません。


お出汁の第一歩を始められる方にも、料理人として多くの経験を積まれた方にも、この素材の持つ素晴らしさをさらに伝えられれば幸いです。

そして多くの料理に出汁素材の素晴らしさが生かされますように。

出汁という宇宙 目次

chapter 2

「出汁」という宇宙・39

chapter 3

「保存食」という宇宙・55

chapter 4

「日本食」という宇宙・71

chapter

1

「素材」という宇宙

魯山人は「素材9割、腕1割」と記しています。私はこの言葉からよい素材を選ぶ力がなければ美味しい料理を作ることは難しい、という大事なことを学びました。

しかし素材の中でも出汁素材は見極め方が難しいものです。

よい出汁素材の選び方については、見方のポイントや目印などいつも多くの質問をいただきます。見た目も重要ですが、やはり実際に戻して出汁を取ってみる、削って食べてみる、といった作業を行わないと本当のところはわからないのが私の本音であり答えです。

出汁素材は天産物です。良し悪しは採れた年や状況によっても変わります。これこそが魅力であり料理する私たちにとっての楽しみでもありますが、選び方を難しくする理由でもあります。また素材を製造する方々の力量も、重要な要素です。

まずは信頼できる素材屋を見つけて通ってください。通い続ければ見方が少しずつわかり、また教えてもらえることも多くあります。素材を使いこなせるようになるためにはなかなか時間がかかりますが、これを学ぶ楽しさもまたひとしおです。

私にとっても、どのような味になるのか想像しながら素材を選んだり、料理することは楽しみの一つです。皆さんも同じように時間を楽しんでいただきたいと願っています。

かつおぶし

Katsuobushi

鰹節のこと

日本の出汁といえば鰹節です。朝早く鰹節を鉋《かんな》で搔《か》く音が響き渡る、一昔前の日本では、どの家庭でも当たり前の光景でした。

私は、少しでも上質な乾物を用いた和食を皆様に知ってもらいたいと思い、出汁の取り方を教える料理教室を開催していますが、多くの若い方に参加していただいており、その中では鰹節の種類や削り器の使い方を尋ねられます。

まず、鰹節には、大きく分けて本枯節《ほんがれぶし》と荒節《あらぶし》があります。

荒節は、生切りした鰹を蒸し煮し冷却し煙で燻して乾燥させた状態のものをいい、表面を削り「カビつけ」の作業をしたものが本枯節です。荒節は本枯節の製造工程の途中の状態ともいえます。鰹節は燻

したり、カビを使って水分を減らしていくことで旨味が増します。

　手間のかかる「カビつけ」を経てよく乾燥した本枯節は鰹節の最高峰と位置付けられており、澄んだ上品な味が特徴ですが、荒節には荒節ならではの強い旨味があります。

　料理教室やさまざまな場所で、「どんな鰹節がよいですか」とお尋ねいただきます。

　私が思うよい鰹節とは、食べて美味しい鰹節です。食べて美味しい鰹節からは美味しい出汁が取れます。食べて美味しい鰹節とは、ズバリ削り立ての鰹節です。

　鰹節と出汁の命は芳醇な香りです。

　袋入りの鰹節が当たり前になり、包材が進歩した結果、窒素充填を行えば1年は使用できるといわれていますが、皆さんが普段購入されている鰹節にも削り立ての香りは残っているのでしょうか。

　鰹節はフレッシュであることが一番です。

　出汁は、香りが食欲をそそり、そしてひと口含んだときのふくよかな味わいの二段構えで人の心を掴みます。そのため、和食の料理人たちはお椀の蓋を開けたときの香りに命を懸けています。出汁を取るときに一番気を付けなければならないことは、いかに香りと口に含んだときの味わいを生み出し、これを料理の完成形にどのように生かしていくかです。そのためには、削り立ての鰹節を使うことが一番の近道です。ぜひ一度、削り立ての鰹節を使ってみてください。

　またよい鰹節の見極め方を聞かれます。本枯節であれば、硬くよい塩梅に乾燥した本枯節鰹節は、たたくとカンカンと乾いた音が、削ったときにはシュッシュという木を削るような乾いたよい音がします。しかしながら、中々購入する前にお店の商品で試すことは難しいでしょう。詳しくは信用のおける専門店に尋ねることが一番だと思います。

　ところで、鰹節に関する質問で多いのが、昔ながらの鰹節削り器の使い方についてです。

　父である8代目八木長兵衛より、鉋の刃の出方ははがき1枚分の厚みにするよう習いましたが、これ以上出すぎても、ひっ込みすぎても上手く削れません。最近は自宅にある古い鉋を使いたい、という声もよく聞かれるようになりました。

　最近作られた鉋の刃は薄いことが多く、刃の厚い鉋は高級品とされ、大変高額なことも多いです。昔の鉋は刃の厚みがあるものが多く、現代でいえば高級品であることも少なくありません。ぜひ再生して使用していただき、鰹節の香りを楽しんでいただきたいと思います。

鰹節の名称と味の違い

　鰹節には本枯節という数回カビつけ作業を行い長い時間をかけて製造されたものと、荒節があります。

　店頭で販売している鰹節を削った削り節は、ほとんどが荒節を削って販売をしています。本枯節を削ったものは本枯節削り節と表示されます。使用する料理により使い分けましょう。

　例えば、お吸い物など出汁がメインとなる料理は本枯節を使用すると極上の香りと味が楽しめます。他方で、味噌汁の場合には、味噌という香りと味に強い個性のある食材と組み合わせることにより、荒節のスモーキーな香りとの相性のよさも相まって、美味しい味噌汁を作れます。

I'm also asked how to distinguish good katsuobushi. While it depends on the katsuobushi, if it's honkarebushi – especially hard, well dried honkarebushi – it should make a clear knocking sound when hit, and when shaved, a sound similar to shaving wood.
However, as it would be difficult to try this before purchasing, I think it's best to visit a trustworthy specialty store.
Another question I often receive is how to use old fashioned katsuobushi shaving planes. My father, the 8th Yagichobei, told me that the plane should protrude exactly the thickness of one postcard. If it is more, or less, it will not shave well. Recently, I hear more and more that people want to use old shaving planes found at home.
Many modern shaving planes are thin, and thicker planes are thought of as top quality products and can be quite expensive. Many older planes have thicker blades, and are high quality by modern standards. I hope they are reused, and that people enjoy the aroma of katsuobushi.

The difference in katsuobushi names and tastes

There are two types of katsuobushi: honkarebushi, which is treated with mold several times and takes a long period of time to make, and arabushi.
It can be assumed that "kezuribushi", normally sold in stores, is made from arabushi unless otherwise. Shaved honkarebushi is often titled "karebushi kezuribushi". Use the appropriate katsuobushi for the dish you're preparing.
When the dashi is the main part of your cooking, such as osuimono (light broth), it is best to use honkarebushi to enjoy a superb taste. On the other hand, when making miso soup you will be combining katsuobushi with miso which has its own powerful flavor and aroma. Arabushi will not be lost in the flavor, and can make perfectly delicious miso soup.

Katsuobushi

かつおぶし

About Katsuobushi

When talking about Japanese dashi, katsuobushi is the first that comes to mind. The sound of shaving katsuobushi with a plane was common in nearly every Japanese household just a short time ago.

My hope is for more people to know about Japanese food made with good quality dried goods. It's been my pleasure to have many young people attend my classes, and I'm often asked what types of katsuobushi and shaving planes to use.

First of all, katsuobushi can be separated into two main groups: honkarebushi and arabushi.

Arabushi steams, cooks, cools, smokes and dries raw cut katsuo, or bonito. With honkarebushi, the surface is shaved and is put through a molding process. It can be said that arabushi is in the middle stages of making honkarebushi. The umami of katsuobushi is increased by decreasing moisture, by smoking and using mold.

Honkarebushi that has gone through the time-consuming molding process and dried well is said to be the highest quality katsuobushi, and is known for its clear sophisticated flavor. However, arabushi has a strong umami unique to arabushi.

I'm often asked, in cooking classes and other places, "what katsuobushi is best?"

What I think of as good katsuobushi is that which tastes good when eaten.

If it tastes good to eat, it can make good dashi. What katsuobushi tastes good to eat?

Freshly shaved katsuobushi.

The essence of katsuobushi and dashi is its rich aroma. With packaged katsuobushi becoming common, and the evolution of packaging, it's said katsuobushi can keep for a year with nitrogen gas food packaging. But does the katsuobushi you purchase still have the aroma of freshly shaved katsuobushi?

It is best for katsuobushi to be fresh.

There are two steps in which dashi captures your heart: first, its aroma teases your appetite; second, the well-rounded taste when that fills your mouth. Thus, Japanese chefs put their lives on the aroma when you first open the lid of your bowl.

What you must be most careful of when making dashi, is how to create the aroma and flavor, and how to utilize this into the completed dish. To do this, the shortest path is to use freshly shaved katsuobushi.

Please do try freshly shaved katsuobushi once.

こんぶ

Kombu

昆布のこと

昆布は日本人の食生活に欠かせない食材の一つです。かなり早い時期から食されており、平安時代にはお菓子として食されていたという記述が残っています。

また昆布は鰹節や煮干しのよさを最大限に生かしてくれる友人でもあります。昆布が持つグルタミン酸という旨味成分は、鰹節や煮干しが持つイノシン酸という旨味成分と一緒になることで相乗効果が生まれ、5倍とも6倍ともいわれる旨味を感じることができます。この組み合わせを日本人が見つけたことはまさに奇跡だと思います。

日本の昆布は、日高昆布、利尻昆布、真昆布、羅臼昆布が代表的です。

日高昆布は、関東より東では出汁昆布として使用されることもありますが、繊維が軟らかいため、関西では昆布巻きなど食べる昆布として使用されることが多いです。

出汁用の昆布としては、羅臼昆布、真昆布、利尻昆布が人気です。羅臼昆布は濃厚で強い出汁が取れるため、出汁そのものを楽しむために最適です。真昆布は癖のないやさしい味の出汁が取れます。利尻昆布は上品な出汁が取れますが、一方で粘りが出るため、その特徴を生かし、昆布締めや松前漬けなどにも利用されます。

それぞれの出汁の味は好みが分かれますので、自分の好きな味の昆布を探して楽しむことが醍醐味です。

昆布は産地のほか、天然か養殖か（養殖では促成栽培か否か）、等級（1等検から5等検がありま

す）による区別もあります。収穫された時期により値段も変わります。少しマニアックですが、同じ産地でも採れる浜による浜格という区別もあります。

熟練の作り手の目利きや技なくして上質な昆布は生まれません。昆布は採って干すだけではないのです。また上物を販売する業者は2年、3年最上の状態で保存し熟成させることもあります。

さまざまな種類がある昆布ですが、手間暇をかけた質のよいものは自ずと値段が高く、手に入れるにも苦労します。

私は利尻も羅臼も大好きですが、とりわけ羅臼には特別な愛情を感じます。八木長本店は東京ではかなり早い時期に天然の羅臼昆布の1等検を取り扱い、日本橋や銀座の高級料亭に納めてきました。我が家でも特別なときの吸い物には羅臼を使います。

私の料理教室では、自分の好みに合った昆布を探してもらいたいという思いからさまざまな種類の昆布出汁の飲み比べを行っています。好みを見つけた方の中には、大げさでなく、人生観が変わったと言ってくださった方もいます。私にとっても何よりうれしい瞬間。

また、昆布の種類だけではなく、組み合わせも多種多様です。鰹節と羅臼昆布以外にも、鮪の血合い抜き削りと羅臼昆布、鰹の本枯節と利尻昆布などが定番ですが、私は、仕上げたい味、つまり目的の到着点の味を想像して、どのように美味しく仕上げるのか、そのためにどのような組み合わせにすればよいかと考えることが何よりの楽しみです。

羅臼昆布の生産者の方々は、昆布は完成まで60の手数を経るといわれています。日本が誇る遺産です。

昆布出汁の取り方と保管

・昆布に切り込みを入れない

昆布は出汁を取る前に切り込みを入れるようにという指導がされることがあるそうです。しかし、出汁用といわれている昆布の中には粘りが出やすいものがあり（例えば、利尻昆布など）、そんな昆布に切り込みを入れれば、切り口から粘りが出ます。出汁に粘りが出るので注意しましょう。

・光を通さない容器に保管

昆布は光を通さない缶などに常温で保存しましょう。冷蔵庫に入れてしまうと、昆布が結露し、カビにつながることが多いので不適です。

ところで、昆布の旨味成分（マンニット）の白い部分をカビと勘違いする場合が多いようです。カビとマンニットは匂いで区別します。もしかしたらカビかも、と思ったら昆布に顔を近づけて……カビの匂いがするかどうか確かめましょう。

classes, I want people to find kombu that matches their liking. To do so, we compare many different kinds of kobudashi (kombu broth). Some of those who have found their favorite has said (without being over dramatic) that their life view has changed because of it. This makes me happier than anything else.

Not only are there many varieties of kombu, but their combinations are limitless. Other than katsuobushi and rausu kombu, shaved tuna without the chiai (the darker red parts of fish containing blood) combined with rausu kombu, katsuo honkarebushi combined with rausu kombu are some of the common combinations. Above all, I enjoy thinking of the final taste – the final destination if you will – and how to finish the flavors deliciously, what combinations to create for the flavors to achieve that.

According to producers, there are 60 steps in making kombu. It is a proud Japanese heritage.

How to make kobudashi and store it

— Don't cut into the kombu

I understand that sometimes people are told to make incisions into the kombu before making dashi. However, some kombu have viscosity (such as rishiri kombu), and making incisions will make the dashi viscous. Take care.

— Store in light resistant containers

Store kombu at room temperature in light resistant containers such as cans. Placing kombu in refrigerators is unsuitable as it causes condensation, and can often lead to mold.

By the way, there are many cases where the umami flavor of kombu, mannitol, is confused with mold. Mold and mannitol can be differentiated by smell. If you think it might be mold, hold your face in front of the kombu... and see if it smells like mold.

Kombu

こんぶ

About Kombu

Kombu is indispensable to the Japanese diet. Enjoyed from a very early time, there are records that kombu were enjoyed as snacks in the Heian era.

Kombu is also a friend that brings out the best in katsuobushi and niboshi. When glutamine acid from kombu is combined with inosinic acid, the umami flavor in katsuobushi and niboshi, it creates a synergistic effect that increases the umami 5 to 6 times.

I think it is a miracle that the Japanese people discovered this combination.

Notable kombu used for dashi are hidaka kombu, rishiri kombu, makombu, and rausu kombu. While hidaka kombu are used for kombu dashi in areas east of Kanto, in western Japan it is often used for kombu rolls and eaten as is, as its fibers are softer.

In western Japan, the popular kombu used in dashi are rausu kombu, makombu, and rishiri kombu. As rausu kombu makes rich, strong dashi, it is best to be enjoyed as is. Makombu creates a mild, gentle flavored dashi. Rishiri kombu creates a sophisticated dashi, however it is often used as kobujime (aging fish between sheets of kombu) and matsumaezuke (pickled kombu, dried squid, and other ingredients) to take advantage of its viscosity.

As every flavor is different, finding your favorite kombu flavor is also part of the fun.

Apart from the production area, kombu is also differentiated based on whether it is natural or farmed (whether it is forced cultured or not), its classifications (from first class to fifth class).

High quality kombu cannot be produced without the eye and skill of seasoned craftsmen. Some vendors selling fine products age the kombu for two, three years. There is more to it than just harvesting and drying.

While there are many types of kombu, high quality products that have received lots of care are of course more expensive and harder to come by. I enjoy both rishiri kombu and rausu kombu, but especially love rausu kombu. The Yagicho Honten began handling rausu kombu early on in Tokyo, and have supplied high quality restaurants in Nihonbashi and Ginza. Even in our own home, we “use rausu kombu for osuimono (light broth) on special occasions”. In my cooking

しいたけ

Shiitake

干し椎茸

椎茸が含むグアニル酸は、鰹節のイノシン酸や昆布のグルタミン酸と併せて、和食の土台である出汁の三本柱の一つに数えられます。

干し椎茸の香りと味には強い存在感があります。またみりんや醤油といった日本の伝統的な調味料と合わせると、劇的な美味しさを発揮します。

椎茸は日本各地で栽培されていますが、栽培方法には原木栽培と菌床栽培があります。原木栽培は、ミズナラ、シイ、クヌギ、ブナといった広葉樹（榾木《ほだぎ》）を1mぐらいに切って椎茸の菌を植え付けて栽培する方法です。菌床栽培はおがくずなどに米ぬかなどの栄養源を混ぜた人工の培地で行う方法です。原木栽培で栽培された椎茸の方が旨味や香りが強くおすすめいたします。

干し椎茸を作るためには、椎茸をできるだけ自然の環境の中で育てようと人の手で森の環境をつくり、榾木を並べ発生から始まりそれらの管理と収穫、乾燥まで2年もの歳月が必要です。原木栽培で栽培された椎茸は年々少なくなりつつありますが、特に榾木が豊富にある大分県で盛んです。

椎茸の傘の厚みがあり、巻きがしっかりとしているどんこ椎茸はファンの多い商品です。どんこ椎茸は一般的に上等品とされており、強い味の出汁が取れます。

ところで、椎茸を使った出汁料理ではお寺の「精進出汁」が有名です。

戒律の厳しいお寺では、今でも魚肉食を禁じられており、鰹をはじめとする魚の出汁は使用できません。そこで、お寺の修行僧が食べる料理の出汁として、これらの代わりに使われてきたのが干し椎茸を使う「精進出汁」でした。

精進出汁には、椎茸の他にも昆布、大豆、干瓢、小豆などを使います。

余談ですが、このお出汁を召し上がった方は、想像を超えた美味しさに驚かれることが多いです。魚や肉を使わないため米国などの海外では、ベジタリアンを中心としてすでに「ビーガン出汁」として人気が出ています。レシピは53頁でご紹介します。

その他にも干し椎茸の出汁は、お寿司の巻物や、野菜の炊き合わせに使われます。

強烈な個性を持つこの出汁の魅力はまだまだ知られておりません。

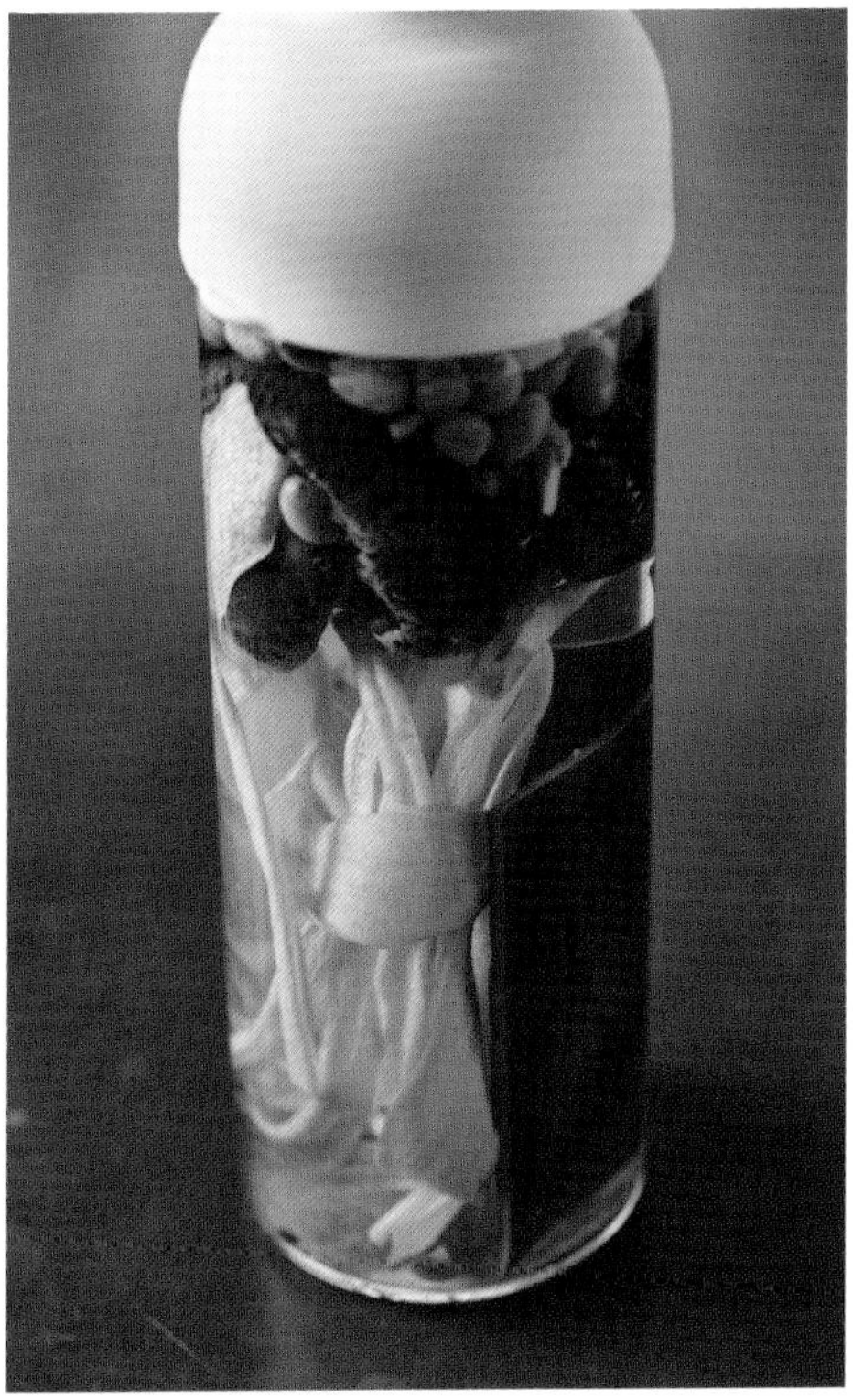

精進出汁

The donko shiitake, with its thick cap and curved rim, is a popular product with a lot of fans. It is known as a first class product, and makes a strong flavored dashi.

A famous shiitake dashi is the shojin dashi served in temples. Temples with strict precepts are still forbidden to partake in fish and meats, and thus cannot use dashi from fish such as katsuo. Instead, temple priests have been using shojin dashi which is made with dried shiitake, a fungus vegetable.

Shojin dashi uses kombu (seaweed), daizu (soybeans), kanpyo (dried gourd), and azuki (red beans) as well as shiitake.

On a side note, many people are surprised at the deliciousness of this dashi. Since it is made solely from vegetables, it is already gaining popularity as "vegan dashi" among vegetarians in foregin countries such as the U.S. The recipe is shown on page 53.

Dried shiitake dashi is also used to make sushi rolls and simmered vegetables.

The allure of this extremely unique dashi is not yet well known.

Shiitake

しいたけ

Dried Shiitake

Guanylic acid of shiitake is one of the three pillars of dashi, alongside inosinic acid of katsuobushi and glutamic acid of kombu.
The aroma and taste of dried shiitake has a strong presence. Combined with traditional Japanese condiments such as mirin and soy sauce, it is spectacularly delicious.
While shiitake are made all over Japan, there are two methods of cultivation: log cultivation and fungus bed cultivation. With log cultivation, deciduous broad-leaved trees (hodagi) such as mizunara, shii, kunugi, and buna are cut to about 1m and inoculated with shiitake spawn. The fungus bed cultivation uses an artificial medium by placing a nutrition source such as rice bran in sawdust.
It's commonly said that shiitake made with log cultivation has stronger umami and aroma.
Making shiitake takes two years, from the cutting of hodagi, providing the necessary forest environment, to harvesting and drying. While fewer shiitake are created through log cultivation every year, it is still popular in Oita prefecture where there are plenty of hodagi.

にぼし

Niboshi

煮干しの出汁

鰹節と同じくイノシン酸を主な旨味成分とする煮干しは鰹節の弟分ともいえます。豊富に取れる煮干しは日本人に身近な存在です。

日本全国さまざまな地方で取れる魚が煮干しとなるため煮干しとなる魚には実は多くの種類がありますが、海辺の町以外のスーパーや乾物店で、カタクチイワシ以外の魚の煮干しや焼き干しを購入することは難しく、一般的に「煮干し」と呼ばれるものは殆ど「カタクチイワシ（別名：セグロイワシ）」のことを指します。

ちなみに、関西の方は煮干しを「いりこ」と呼ぶこともあります。

煮干しとはその名のとおり、煮て干した魚をいいます。

カタクチイワシの煮干しは大きく分けると青口と白口があります。背中が青や黒っぽい色をしており、大きくはっきりと黒い一筋の線のように見えるのが青口、黒いところが少なかったり薄かったり白っぽいため線が見えにくいのが白口です。大きさについても、青口は大型であり、中羽《ちゅうば》と呼ばれる型より大きいものを指し、白口は細く小型であり、中羽と呼ばれる型より小さいものを指します。また、青口は、主に外海で取れるのに対し、白口は主に瀬戸内海などの穏やかな海でよく取れます。

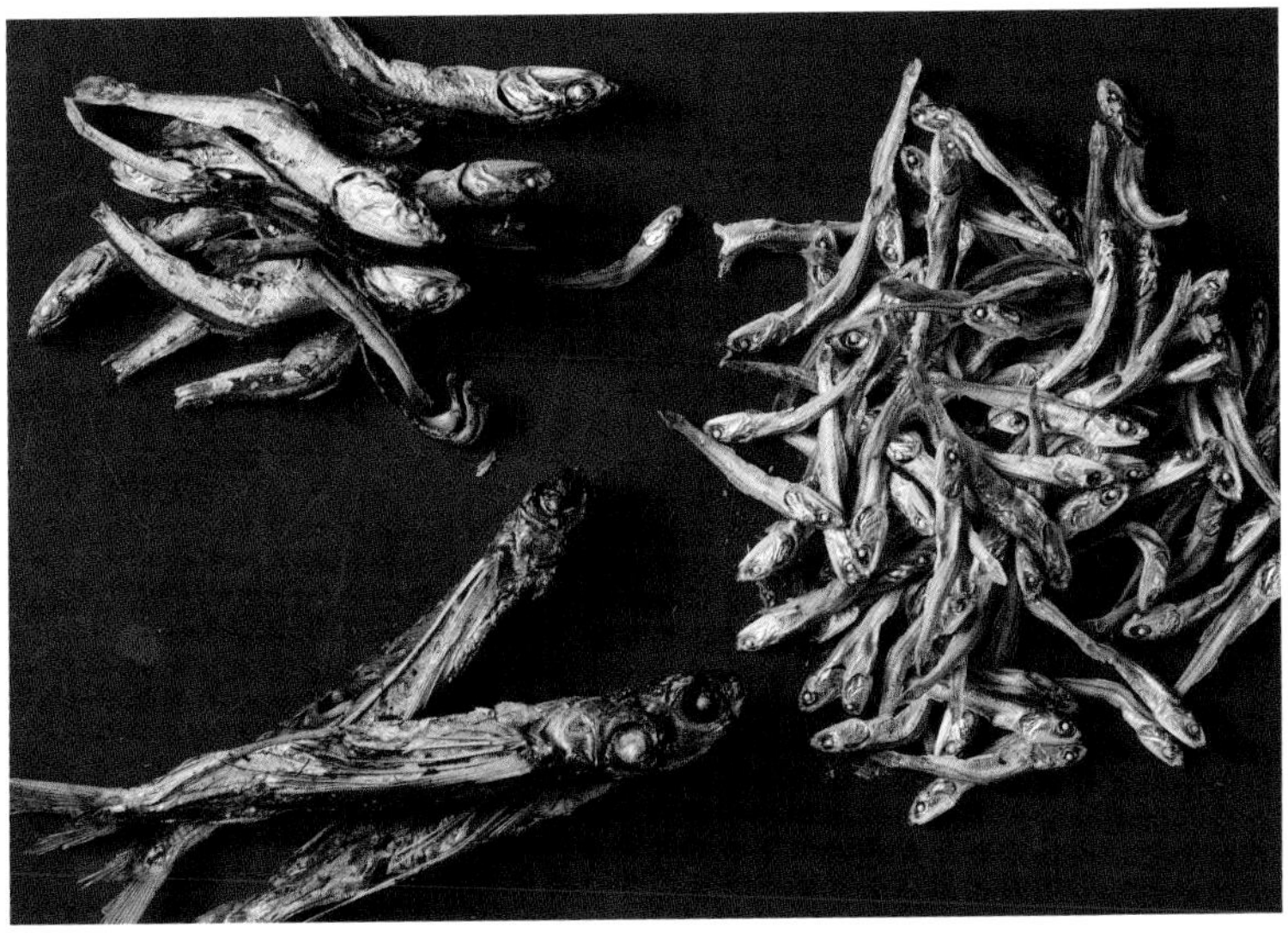

青口は、濃く、魚の香りが強く出るため、ラーメン職人に大変人気があるのに対し、白口は淡く上品な出汁が特徴です。

ところで、白口は関東地方では取れないといわれることもありますが、千葉県九十九里浜では、大変少ない量ですが毎年秋口頃に水揚げされます。この九十九里浜の白口は、上品な甘さがあり、旨味が強い出汁が取れます。この白口の出汁は鰹節に匹敵する旨味を持っており、味噌汁にすれば最高です。

煮干しは出汁を取ったあとも、出し殻をオイルサーディンにしたり天ぷらにしたりと、残すところなく食べることができます。

※写真の中には焼き干しのアゴがあります。アゴは飛び魚のこと。煮干しでも焼き干しでも大変美味しい出汁が取れます。

(medium size), while shirokuchi are smaller.
Also, while aokuchi are caught in the open sea, shirokuchi are often caught in the calmer seas such as the Seto Inland Sea.
While aokuchi and its strong fish aroma are popular among Ramen chefs, shirokuchi is known for its fine sophisticated dashi.
Though it's sometimes said that shirokuchi cannot be caught in the Kanto region, in Kujukuri Beach, Chiba prefecture, a very small amount is caught every autumn. The shirokuchi from Kujukuri Beach has a very elegant sweetness, and its dashi has strong umami. Its umami is a close match to katsuobushi, and makes an incomparable miso soup.
After making dashi, the niboshi can be used to make oil sardines or tempura without being wasted.

Niboshi

にぼし

Niboshi Dashi

Niboshi could be called "little brother" to katsuobushi, and contains inosinic acid as its main umami flavor just as katsuobushi does. Niboshi is a type of zatsubushi familiar to Japanese people.

As many type of fish caught all over Japan actually become niboshi. However, unless you are in a seaside town, it's very difficult to buy niboshi that is not made from Japanese anchovies in supermarkets and dried food stores. Most products commonly called niboshi are made from Japanese anchovies (katakuchi iwashi, also known as seguro iwashi.)

In Kansai, niboshi is also called iriko.

There are two main types of katakuchi iwashi niboshi: aokuchi (blue) and shirokuchi (white).

Aokuchi are known for their blue / black backs, which appear as a clear black line. Shirokuchi on the other hand do not have as clear a line; some parts are less black, thinner, or whiter, and don't show a clear black line. They also differ in size, with aokuchi being bigger than chuba

ざつぶし

Zatsubushi

雑節

インターネットで「雑節《ざつぶし》」と調べても出てこないんです、と料理教室の参加者から言われたことが印象に残っています。

雑節とは、鰹以外の魚を乾燥させて作る出汁用の水産加工品の総称です。代表的なものには、鮪節、宗田鰹節、鯖節、室鯵節、などがあります。鮪以外の多くは小さい魚です。

鮪節は鰹節と並ぶ高級商材であり、主に関西の料理屋において、羅臼昆布、利尻昆布、真昆布と併せて使用されてきましたが最近は関東でも人気の出汁素材となりました。

一口に鮪といっても、クロマグロ、ミナミマグロ、メバチマグロ、ビンチョウマグロ、キハダマグロなど種類はさまざまですが、出汁用の節の製造に使う鮪といえばキハダマグロです。

高級鮨のネタやお刺身になる高級魚であるクロマグロやミナミマグロやスーパーでお刺身用によく見かけるメバチマグロが出汁にもよいと思う人がいるかもしれません。しかしこれらの鮪は脂が多く、実は出汁用の節の素材には向きません。

キハダマグロは脂分が少なく出汁に向いている魚です。その名前の通り黄色い肌が特徴であり、業界ではシビ、またはメジと呼びます。

その出汁は上品な味わいが特徴であり、茶色っぽい鰹節の出汁に比べて淡い黄色に仕上がります。

緑の野菜は緑色に、白い野菜は白色にと素材の色を生かすため、できる限り薄い色の出汁が好まれる関西、特に京料理で好んで利用されています。

鮪節と上質な昆布を組み合わせたお吸い物は、鰹節の本枯節削り血合い抜きと昆布との組み合わせと同等または同等以上の極上のお吸い物になります。

また雑節は、天ぷらの天つゆやそばつゆに使われるなど日本の食文化に不可欠な存在です。今では煮干しと共にラーメンの出汁文化を支えています。

そばつゆを作ることは難しいことではありません。既製品のそばつゆとは比べ物にならない美味しいそばつゆも作ることができます。家で返しのもとを作り、自分好みにブレンドし雑節の出汁で割れば極上のそばつゆの完成です。雑節は香りが強く、特に宗田節（※）は蕎麦屋さんのあの美味しそうな香りがします。家中が蕎麦屋さんの香りに包まれるのもご愛敬、ぜひ作ってご家庭で楽しんでほしいものです。

※宗田節
ソウダガツオから作られた節のこと。関西ではメジカ節とも。土佐清水市が代表的な産地です。

It is preferred in the Kansai area, especially Kyoto cuisine, where they want dashi as light colored as possible in order to utilize the color of the ingredients; to showcase the green color of green vegetables, and white color of white vegetables.
Osuimono (light broth) combining magurobushi and high quality kombu is more delicious than the katsuobushi honkare without chiai (the darker red parts of fish containing blood) and kombu combination, and creates a superb broth.
Zatsubushi was a necessity in Edo food culture, used in dipping sauce for tempura and soba noodle soup. In modern times, it supports the ramen dashi culture alongside niboshi.
Making sobatsuyu (soba soup, or soba dipping sauce) is not difficult. It's possible to make delicious sobatsuyu incomparable to store bought sauce. If you make the base for kaeshi (a mixture of condiments such as soy sauce and mirin) at home, blend it to your liking and dilute it with zatsubushi dashi, you will have an exquisite sobatsuyu.
Zatsubushi have a strong aroma; and sodabushi* especially allows you to enjoy that delicious aroma of a soba restaurant. Filling your home with the smell of soba restaurants is an added bonus, I hope you enjoy making it at home.

Sodabushi*
Shaved dried sodakatsuo. Also known as mejikabushi in the Kansai area. Tosashimizu city is its primary source.

Zatsubushi

ざつぶし

Zatsubushi

I remember a cooking class attendant telling me that, when they searched "zatsubushi" on the internet, nothing came up.

Zatsubushi is a processed marine product for making dashi, made by drying fish other than katsuo.

Some common types are magurobushi (tuna), sodakatsuobushi (frigate mackerel), sababushi (mackerel), muroajibushi (Japanese horse mackerel). Niboshi is also a type of zatsubushi. Other than tuna, most are smaller fish.

Magurobushi and katsuobushi are equally premium quality products. Especially in the Kansai area, it has been used alongside rausu kombu, rishiri kombu, and makombu. Recently it has gained popularity as a dashi ingredient in Kanto as well.

There are many types of tuna, or maguro, such as kuro maguro (bluefin tuna), minami maguro (southern bluefin tuna), mebachi maguro (big eye tuna), bincho maguro (albacore tuna), and kihada maguro (yellowfin tuna). Kihada maguro is used for dashi.

Some may think that kuro maguro, minami maguro, used for high quality sushi and sashimi, or mebachi maguro, often found in the supermarket as sashimi, might be good for dashi. But in reality these tunas have a lot of fat, and are not suited for making dashi.

Kihada maguro has less fat, and is suitable for dashi. True to its name (kihada, or yellow skin), it is distinguished by its yellow skin, and is called shibi or meji within the industry.

Its dashi is known for its sophisticated flavor, and is a softer yellow color compared to the browner katsuobushi.

まめ

Mame

日本の豆たち

豆は、畑の肉といわれる大豆をはじめ栄養価が高く、日本の食卓には欠かせないものです。また大豆と小豆は精進出汁の出汁用の素材としても使われます。

豆は5～6月に種をまきますが、7～8月には、とても美しい小さな花を咲かせます。豆ができるのは秋口です。刈り取ったら地干しを行い、ゆっくり自然乾燥させます。

良い豆の見分け方をよく尋ねられます。選別して豆の粒の大きさを揃えることができているか否かが重要です。粒揃いな豆は煮ムラができにくく、美味しく煮ることができます。

私の料理教室でも豆の煮方の授業は人気であり、家庭で習う機会が減っていることを実感します。

形を崩さずに綺麗に豆を煮るためには、鍋の中で豆がなるべく動かないように最弱火で煮たり、落し蓋をすることが重要です。

豆が鍋の中で自由に動いてしまうと豆同士がぶつかり、皺ができたり皮が剥けるなど煮崩れの原因になります。餡にする場合には煮崩れても問題ありませんが、形を残したい場合には気を付けましょう。

余談ですが、昔は豆を上手に煮るには「遠火」、なるべく鍋から遠い火で煮るとよいといわれていました。特にストーブの火加減が煮豆に一番ふさわしいといわれます。もしご自宅にまだストーブがある方は、ぜひ、鍋をストーブの上に置いて煮てください。放っておいても美味しく炊けるので、驚かれると思います。

日本でよく作られる甘い煮豆は砂糖を入れるタイミングもポイントです（黒豆の煮方は88頁参照）。

最後に。豆は天産物です。その年その年の豆の個性に応じて、煮方を調整しながら美味しく有り難くいただきましょう。

their shape, it's important to cook them with low heat so they don't move around in the pot, and to place a type of lid directly on the food. When the beans move around freely in the pot they hit against each other, causing wrinkles and peeling, thus losing their shape. It's fine if they lose their shape when making paste, but otherwise, one must be careful.

On a side note, it used to be said that a good way to cook beans was with tôbi; to have the heat as far from the pot as possible. It's said the heat from an oil heater is best to cook beans. If you have an oil heater in your home, please, try cooking it that way. I think you'll be surprised how delicious it turns out just by cooking it on the oil heater. Another key factor is when you add the sugar. (See How to Cook Beans page 88.)

Finally. Beans are a natural product. It has unique characteristics depending on the year; let us adapt our cooking method and enjoy it with gratitude.

Mame

まめ

Beans of Japan

Beans, such as daizu (soybeans) known as the "meat of the garden" have high nutritional value and are indispensable to Japanese meals. Daizu and azuki (red beans) are also ingredients in shojin dashi.

Beans seeds are planted in May-June, and bloom beautiful little flowers in July-August. The beans are harvested in the fall. Once harvested, they are dried on the ground, stacked, and slowly dried.

I'm often asked how to distinguish good beans.

The key point is whether the bean sizes are sorted and matched. Similar size prevents uneven boiling, and the beans will be cooked deliciously.

My classes on how to cook beans is popular among attendants, and I've come to realize that more people are losing the opportunity to learn this at home. To cook the beans without losing

美味しい出汁の取り方

美味しい鰹節の出汁の取り方

鰹節は新鮮さが命です。削られたそばから酸化していきます。できるだけ新しい削りで出汁を取りましょう。購入するときに注意したいのは削りの厚みです。お店により厚みの違いがありますので、自分の好みの味を見つけましょう。

このレシピでお伝えするのは、0・07〜0・08㎜の厚みの刃で削られた薄削りと、1㎜の厚みの刃で削られた厚削りの出汁です。薄削りの鰹節と厚削りの鰹節では、出汁を取るときに使用する水の分量や火にかける時間、再利用のときの処理が違います。2人分のお椀なら400mlのでき上がりの出汁が必要です。

— 薄削りの鰹節を使用する —

材料（2人分）

本枯節鰹節削りまたは鰹荒節
削り 20g
水 600ml
醤油 少々
塩 少々
飾り麩 4枚
三つ葉 2本

道具

蓋のある鍋 1台
蓋なしの鍋 1台
濾しざる 晒し

作り方

① 鍋に600mlの水を入れ、沸騰し始めたらお好みの削りを入れる。
② 直ちに蓋をし、中弱火にして2分火にかける。
③ 火を止めて蓋をしたまま3分以上そのままおく。
④ 鍋の蓋を取り、晒しを敷いたざるで濾す。
⑤ 晒しで鰹節を包み箸で上から押さえ、絞らず出汁を落とす。一番出汁のでき上がりです。
⑥ 出汁を最小限の塩、醤油で味を調え、水で戻した麩と三つ葉を入れた蓋付きの椀に注ぐ。

— 厚削りの鰹節を使用する —

水の分量、煮る時間や方法が上記と異なります。

作り方

① 鍋に700mlの水を入れ、沸騰し始めたら厚削りを入れる。
② 中弱火で10分ほど煮て、水分量が約半分になったら火を止める。
③ 一番出汁のでき上がりです。

二番出汁の取り方

薄削りも厚削りもさらにもう一回出汁を取ることができます。使用分量の半分の鰹節を追加し、さらにぐつぐつ煮出して最後は絞りきる。二番出汁として煮物や出汁醤油などを作るときにお使いください。最後の出し殻はぜひふりかけにして！

（作り方は63頁参照）

美味しい昆布の出汁の取り方

昆布は種類により幅も厚みも違います。さらに、頭や根元の部分は厚みがあり、真ん中とはまるでグラム数が違います。よく「4人分で昆布10cm角1枚」といった表記を見かけますが、これはとても危ないこと。美味しい昆布出汁のためには、昆布の重さを量って出汁を取りましょう。「出汁が出ない」という方は、分量が少なすぎるのかもしれません。幅の広い薄い部分はかなり大きく切ったつもりでもグラムにすると少ない場合があり、逆に根元の部分の厚みのあるところは数cmでも10gあったりします。きちんと量ることをおぼえましょう。

— 羅臼昆布のSoup —

材料（2人分）
羅臼昆布 10g
水 800ml
薄口醤油 少々

作り方
① 羅臼昆布はコンテナに分量の水と一緒に入れ、冷蔵庫で約6時間水出しする。
② 冷蔵庫から取り出し、そのまま鍋に移す。
③ 鍋を火にかけ60度の弱火でじっくりと最後の出汁を引き出す。
④ 昆布のまわりから気泡が出てきたら様子を見て昆布を引き上げる。
⑤ 味を見てお好みで醤油ひとたらし。

※夏はこれをきりきりに冷やし、ガラスの器で一口お出しすると、「生き返る」といわれます。ぜひお試しください。

美味しい椎茸の出汁の取り方

どんなに時間がなくても椎茸を無理やり熱い湯で戻すことはやめましょう。椎茸も水出しを推奨します。椎茸の旨味成分であるグアニル酸が最大限に出るのは10時間と実証されています。時間をかけて戻しましょう。

椎茸の出汁ができ上がったら、まず、うどんや素麺のつけ汁としてお召し上がりください。

材料（2人分）
干し椎茸 4枚
水 2L
醤油 大さじ1
みりん 大さじ1
酒 大さじ1

作り方
① 干し椎茸は水を張ったコンテナに入れ、冷蔵庫で10時間おく。
② 冷蔵庫からコンテナを出し、椎茸を刻む。
③ 椎茸の戻し汁に分量の調味料を入れ、椎茸を入れて煮る。
④ よく冷やして麺と一緒に。

美味しい煮干しの出汁の取り方

煮干しは下処理が大切です。

作り方
① 煮干しは背割りにし、分量の水を出汁ボトルに入れ、一晩冷蔵庫で水出ししましょう。
② 冷蔵庫から出して、ざるで濾したら出汁ができ上がりです。

※香ばしい香りがほしい料理に使用するときは、フライパンで焼き色を付けることをお勧めします。焼き色をつけてからボトルに入れましょう。焼き煮干しの出汁も美味しいですよ。

背割り作業の仕方

煮干しの背にある黒っぽい線のところに指を入れ魚を半割りにしましょう。

chapter

2

「出汁」という宇宙

出汁の味はその店の味。


出汁の味は作り手により変わるのをご存じでしょうか。

例えば昆布について。昆布は収穫期が重要です。早い時期に採れた昆布と「後《ご》ドレ《どれ》」という後に採れた昆布では味も価値も異なります。また、昆布は保存状況によって味が変わるため、これに応じて出汁の取り方も変わります。保存の長さによってさらに味は変化しますから、その奥深さは無限大です。

また鰹節では、製造元だけではなく、削り手によっても味が変わります。


鰹節専門店が産地にある製造元から入荷した鰹節を各々の方法で削りますが、鰹節を削る前の処理の方法は、各店で異なります。これこそがその店の腕の見せ所であり味の個性となります。

私もたくさんの店で出汁をいただきますが、八木長本店の出汁を使用している店はすぐわかります。

ところで、私の店は今年で創業２８５年目になりますが、長きにわたり日本橋や銀座の料亭、料理屋などでご愛顧いただいてきました。その中には、１００年以上当社の鰹節を料理の出汁として使用してくださるお得意先様もあります。

そのようなお得意先様に対し、ある鰹節屋のご主人が、お店で使う鰹節を切り替えるようお願いしたことがありましたが、店主によれば、味が変わるから鰹節を変えるのは難しい、と断ったそうです。出汁の味はそれほど料理の味に影響があるものです。素材は、扱う素材屋によって異なる個性を獲得し、料理人の手を経てそれぞれの料亭や料理店の出汁の個性となっていることをぜひ知っておいてください。

出汁の個性や美味しさはそれぞれの出汁素材の組み合わせによっても無限に広がっていきます。

DASHI パスタ

材料(2人分)
パスタ 160g
青飛び海苔 全型2枚
パルミジャーノ・レッジャーノ 塊で60g
オリーブオイル 大さじ2
鰹節(荒節削り) 80g
水 2・5L
塩 少々

作り方
① 鍋に湯を沸かし、鰹節を入れ蓋をして中火にし、2分間煮る。
② 火を止めて蓋をしたまま、2分そのままにし、晒しなどで濾す。
※鰹節は、捨てずにふりかけにする(↓63頁)
③ 出汁でパスタをゆでる。(ゆで時間10分前後のパスタがおすすめ)
④ ゆであがったパスタをオリーブオイルであえ、おろしたチーズをかける。(※)
⑤ 海苔をそえて完成。
※塩分が足りない方は、最後に塩を加えて味を調える。最後の〆めにでき上がったDASHIパスタをゆでるときに使用した出汁を加えてスープパスタにしても。スープは残さずお召し上がりください。

干し椎茸のリゾット

材料（2人分）

日本産茶より椎茸 4枚
昆布茶（無添加） 小さじ2
パルミジャーノ・レッジャーノ（粉にして） 30g
米 120g
玉ねぎみじん切り 大さじ3
バター 20g
オリーブオイル 10g
ニンニクみじん切り 少々
紫蘇みじん切り 1枚分
塩、コショウ 少々（お好みで）
椎茸の戻し汁 450〜500ml

作り方

① 干し椎茸を分量の水に入れ、冷蔵庫で一晩水につけて戻す。

② 戻し汁半量と水を合わせ昆布茶を入れよく混ぜる。

③ フライパンにバターとオリーブオイルを入れ、ニンニク、玉ねぎ、戻した椎茸のみじん切り、紫蘇を入れて炒める。玉ねぎが透明になったら米を入れて炒める。

④ 昆布茶と椎茸の出汁3分の1を加え、弱火で煮込み始める。2〜3回に分けて出汁を加えアルデンテに。

⑤ 火から下ろし塩コショウで味を調え、パルミジャーノ・レッジャーノを振る。

※米は洗わずにそのまま使いましょう。チーズが苦手な方はなくても十分美味しくいただけます。お米の状態にもよりますが出汁が足りない場合は水を足してください。

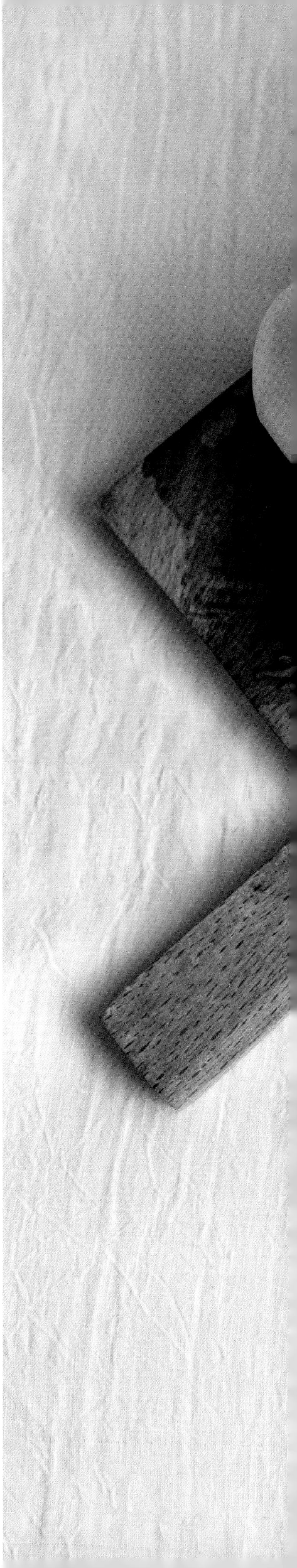

鰹節を使った バーニャカウダのディップ

カブ、セロリ、きゅうり、ゆでたアスパラ、トマトや赤ピーマンなどをお好みでご用意ください。野菜嫌いのお子さんでもたくさん食べますよ。

材料（2人分）
鰹節 5g
白味噌 大さじ2
マヨネーズ 大さじ4
ニンニクすりおろし 1かけ分
オリーブオイル 大さじ2

作り方
ボウルに鰹節をもんで粉にし、白味噌とマヨネーズを入れます。ニンニクをすりおろして入れよく混ぜ、最後にオリーブオイルを少しずつ入れて調整。

※バーニャカウダを正式に作ろうとするとアンチョビが必要ですが、鰹節を使えば十分美味しいディップになります。私は出し殻が出たときなど、鰹節20gで作ります。その場合、材料は4倍にして作りましょう。保存瓶に入れておけば急なお客様にも使えて便利。

和風カレー

材料(2人分)

A出汁の効いたカレーソース
水 500ml
干し椎茸 4枚
利尻か羅臼昆布 10g
醤油 50ml
みりん 50ml(お好みで三温糖少々)
カレー粉 大さじ1 1/2
片栗粉 大さじ2

Bトッピングとごはん
仙台麩 6枚
グリンピース ひと掴み
ニンニク 1かけ
温泉卵 2個
ごはん 2人分
(写真は十六穀米)
オリーブオイル 大さじ1

作り方

A
① 干し椎茸と昆布を一晩冷蔵庫で水につけて戻す。
② 戻し汁から椎茸と昆布を取り出し、戻し汁を500mlにする。
③ ②に醤油、みりん、お好みで砂糖を入れ温める。カレー粉を入れてよくなじませる。
④ 片栗粉を入れてとろみをつける。粉の分量はとろみ具合のお好みで調整してください。

B
① フライパンにオリーブオイルを入れて温め、ニンニクを入れて香りが出たら、戻した仙台麩、スライスした干し椎茸、グリンピースを色がつくまで炒める。(仙台麩は周りがカリカリになるとさらに美味しい)
② ごはんの上に材料をのせ、Aで作ったカレーソースを盛りつけ、最後に温泉卵(※)をのせてどうぞ。

※ポーチドエッグ風温泉卵の作り方
① 鍋に水をたっぷり入れ、酢を大さじ1~2入れる。
② 沸騰したら卵をそっと割り入れます。周りが固まり始めたら火を止めて蓋をする。
③ 5分経ったら、カレーのトッピングやエッグベネディクトにも。水切りお玉で卵を取り出す。

出し殻煮干しのオイルサーディン丼

材料（2人分）

煮干し 30g
ニンニク 1かけ
唐辛子 1本
オリーブオイル 大さじ3
ごはん 300g
塩、コショウ 各少々
海苔 全型1枚

作り方

① 煮干しは下処理をして、分量の水と共に容器に入れ冷蔵庫へ。

② 水出しした出汁と煮干しを取り分け、キッチンペーパーで水分をよくふき取りしばらく乾かす。

③ フライパンにオリーブオイルを入れニンニクと唐辛子を入れ、出し殻の煮干しを入れる。塩、コショウで味をつける。

④ 海苔をキッチンばさみで千切りにし、ごはんの上に盛り付けた後上に飾る。

※ごはんがないときは、トーストしたパンやバゲットにオリーブオイルをひと塗りし、オイルサーディンをのせていただきましょう。煮干しの下処理は37頁参照。

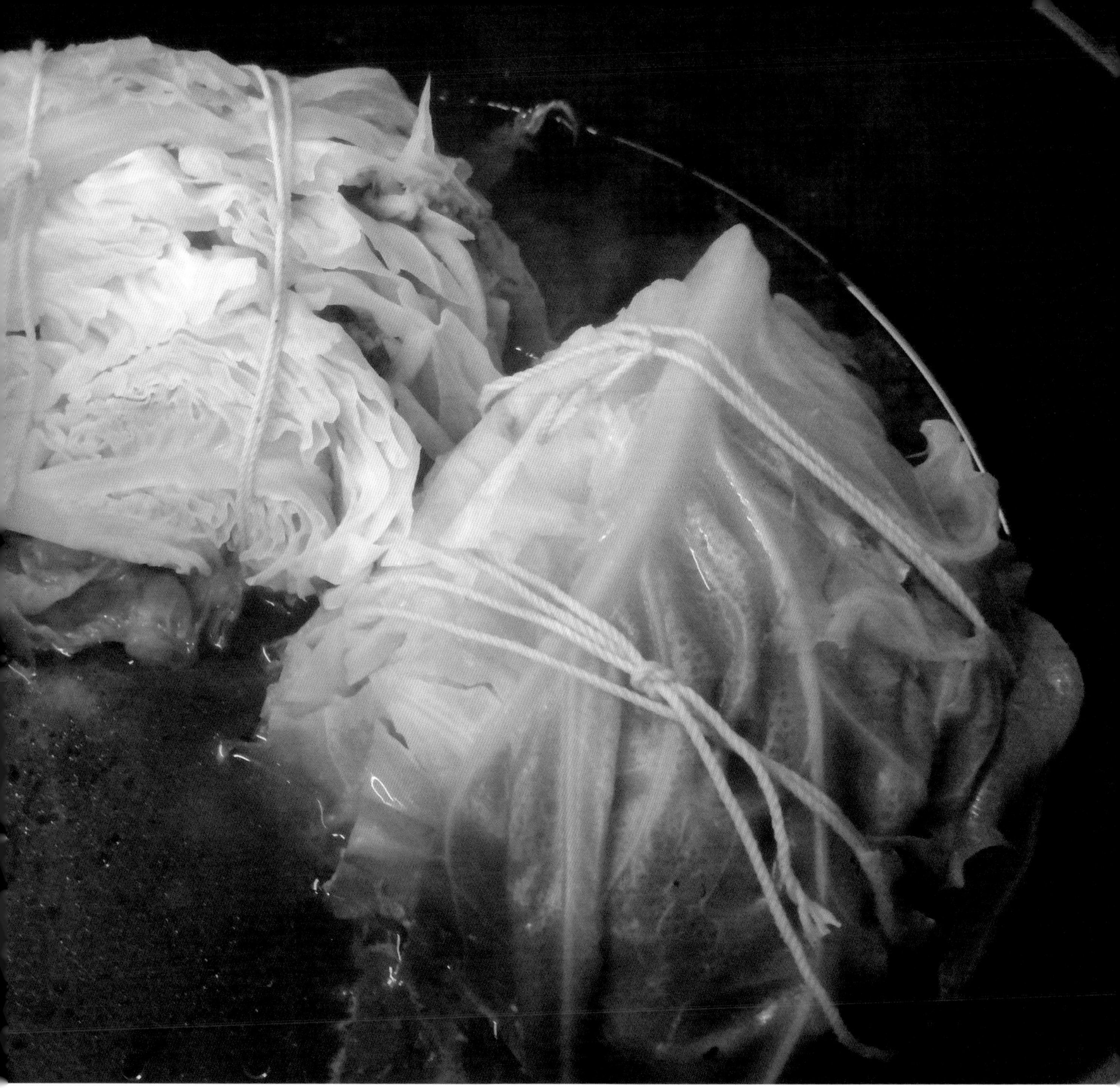

春キャベツのミルフィーユ 精進出汁スープで

＋

土鍋やキャセロールなど煮込み用の鍋を用意して、春キャベツを丸ごと楽しみましょう。精進出汁が美味しさを倍増します。

熱々を召し上がれ。トーストにもごはんにも合う一品です。ビーガンの方はひき肉なしでお作りください。

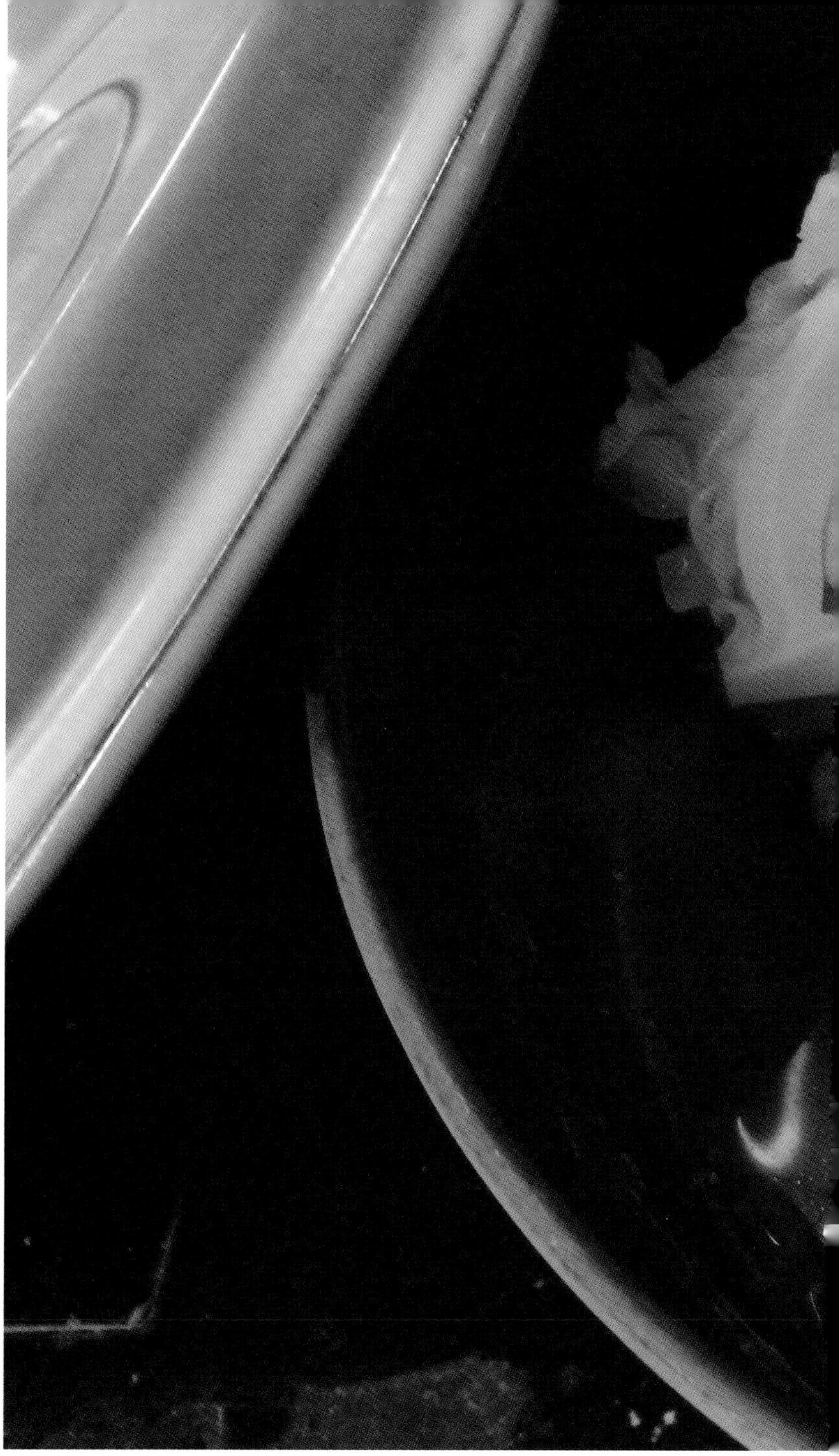

材料（2人分）
春キャベツ 半玉
合いびき肉 150g
切り干し大根 40g
セロリの葉（または三つ葉）1束分
精進出汁 2L
塩、コショウ 各少々

作り方
① キャベツは半分に切り洗う。
② ボウルに、肉、水で戻した切り干し大根のざく切り、セロリの葉のざく切り、出汁を取った椎茸を切って入れ、塩コショウでよく混ぜ合わせる。お好みでナツメグなど香辛料を入れても。
③ キャベツの葉の間に②を入れミルフィーユ状に積み重ねる。型崩れしないようにタコ糸でくくり、鍋に入れる。
④ 精進出汁（※）を入れて煮込み、最後に味見をして仕上げましょう。昆布以外の干瓢は千切りに、大豆も一緒に煮込みましょう。

※精進出汁の作り方
材料
水 2L　昆布 20g
干し椎茸 4枚　国産干瓢 20g
炒り大豆 20g

作り方
① 蓋つきのコンテナ容器にすべての材料を入れ、一晩冷蔵庫で保存しましょう。
② 朝には旨味の濃い出汁ができています。

chapter

3

「保存食」という宇宙

地方を旅すると、その土地ごとの保存食文化があることに驚かされます。日本は南北に細く長く、気候は多様で、海、山の資源が豊富です。それが地方色豊かな保存食や出汁文化につながっています。

保存食や出汁文化を含めて和食文化が誇る地域における多様性は、和食が世界遺産に登録された大きな理由の一つです。

保存食文化の筆頭といえば鰹節、昆布、干し椎茸といった乾物類ですが、他にも、秋には沢山採れた柿を干し柿にして保存しますし、野菜が不足する冬に備えて〈サラダ〉としての漬物を作る文化があります。

柿といえば、日本の食文化を海外で普及させるために共に活動してきた、私の大切な友人でもあるアメリカ在住の和食フードライターSONOKO SAKAI氏を思い出します。彼女は、毎年秋頃には、干し柿のワークショップをロスやサンフランシスコで行っているのですが、現地で好評です。実は私も彼女に干し柿の作り方を教えてもらいました。

彼女は、アメリカで日本の家庭料理をさまざまなエピソードを交えながら紹介した素晴らしい本を上梓し、「2020 IACP Cookbook Awards」を受賞しました。私も出汁や日本の乾物食材の紹介に協力しましたが、日本食がアメリカで普及する一助となれたことに大きな喜びを感じます。

ところで、この干し柿、いぶりがっこのような燻製の香りやスモークチーズなどにもよく合います。秋のお楽しみとしてぜひ。冷やした辛口の日本酒にも合いますよ。

夏野菜の揚げびたし

よく冷やした揚げびたしは、暑い夏の保存食としても重宝します。

材料（2人分）

茄子　1本
ズッキーニ（黄色と緑）各1本
赤ピーマン　1個
ベビーコーン　2本
綿実油　適宜
赤唐辛子　1本
醤油　大さじ3
みりん　大さじ3
砂糖　大さじ1
昆布出汁　大さじ3
水　1・5L

作り方

① 野菜はそれぞれ輪切りにし、素揚げにする。
② 鍋に昆布出汁と水、醤油、みりん、砂糖を入れ、赤唐辛子を入れて煮立てる。
③ バットに出汁を入れ、熱いうちに揚げ立ての野菜を入れて冷ます。
④ 粗熱が取れたら、冷蔵庫に入れて冷やす。

じゃこと山椒の実の佃煮

じゃこは佃煮に適したサイズがあります。小さすぎず大きすぎず。お好みのサイズを探しましょう。

材料（2人分）

じゃこ　80g

日本酒　1／2カップ

醤油　40ml

みりん　40ml

山椒の実　大さじ1

作り方

① じゃこはざるにのせ、熱湯をかけておく。

② 鍋に調味料を入れ煮立て、じゃこと山椒の実を入れ、汁がなくなるまで箸で混ぜながら中火で煮詰める。

③ 汁が残ったら水切りして、大きめのざるに広げる。

④ 台所で干しても、庭やベランダでラップをかけて天日干しにしても。

⑤ ぱらっとなったらでき上がり。軟らかいタイプがお好みなら干さなくてもOK。

日高昆布と山椒の実の佃煮

昆布はやや甘めで、山椒のピリッとした辛さがよく合っています。

材料（2人分）

日高昆布 50g
山椒の実 大さじ1
漬け汁用［酒1カップ 水1カップ 酢 大さじ2］
煮込み用［砂糖 大さじ2 濃い口醤油 大さじ3］
仕上げ用［みりん 大さじ1 醤油 少々］

作り方

① 日高昆布を手で広げながらはさみで四角形にカットする。
② 漬け汁用の調味料と昆布を大きめのボウルに入れ、冷蔵庫で一晩おく。
③ 翌日、ボウルごと鍋にあけ差し水をしながら煮る。10分ほど煮て昆布の軟らかさを確かめて煮込み用調味料と山椒の実を入れ、汁気がなくなるまで煮る。
④ 照りを出すために仕上げ用調味料を加えて仕上げる。

OKARAと出汁で常備菜

日本の伝統的なお惣菜です。ぜひ常備菜にしましょう。おからが手に入らない場合は、木綿豆腐に重しをし、水切りを十分してぽろぽろにしてから使用しても大丈夫。

材料(2人分)
おから 300g
ハス 1節
人参 1／2本
干し椎茸 4枚
木耳 1枚
油揚げ(湯通しして) 1枚
椎茸の戻し汁 400ml
白煎り胡麻 大さじ1
醤油 大さじ2
みりん 大さじ2
砂糖 大さじ2
サラダオイル 大さじ3

作り方

① 椎茸は多めの水につけ、冷蔵庫で一晩じっくり戻す。
② 椎茸は食べやすい大きさに切る。木耳は1時間ほど水で戻し、油揚げとともに千切りに。
③ ハスは皮をむき、2mmの厚みにスライスし半月切りにして水にさらす。人参も皮をむき千切りに。
④ 調味料を合わせる。
⑤ 鍋にサラダオイル大さじ1を入れ、野菜、木耳、椎茸、油揚げを入れよく炒める。おからを入れて炒めていく。
⑥ さらにサラダオイルの残りを入れ、出汁と調味料を入れ煮上げる。水気がなくなったらでき上がり。白煎り胡麻をふりかけましょう。アツアツでも冷めても美味しくいただけます。

鰹節のふりかけ

5分でできる鰹節の出し殻で作るふりかけ。とても簡単ですから、ぜひ。電子レンジを使用すると鰹節は独特の香りが出るので、お勧めできません。鍋でパパッと作りましょう。

材料(2人分)

出し殻の鰹節　100g
醤油　60ml
砂糖　40g
料理酒　大さじ3
金煎り胡麻　大さじ2

作り方

① 鰹節は出し殻が出るたびに保存容器に入れ冷蔵庫に保存する。

② 使用するときは皿の上に広げ、パラパラになるまで乾燥させる。乾燥したらよくもんで粉にする。

③ 鍋に調味料を入れ、砂糖が溶けたら鰹節を入れて弱火で炒る。水分がなくなったら煎った金胡麻を混ぜる。

野菜の和風ピクルス

季節の野菜を昆布出汁とお酢で漬けると、まろやかな和風ピクルスができ上がります。1週間で食べきってください。

材料（2人分）

野菜

赤カブ　セロリ　きゅうり　ハス　ベビーコーンなど

調味料

酢 300ml（ワインビネガーでもよい）

昆布出汁 300ml

砂糖 150g

鷹の爪（お好みで）少々

レモン 少々

塩 少々

作り方

① 野菜は同じ大きさに切り揃える。

② きゅうり以外は食感が残る程度にゆでる。

③ 調味料を合わせ、火にかけておく。

④ 保存容器を熱湯消毒し、野菜を入れ調味料を流し入れて冷蔵庫で保存する。

1週間で食べきること。

牡蠣の出汁 オリーブオイル漬け

牡蠣の汚れは大根おろしで洗い落とすのがポイント。昆布出汁の旨味が後を引く美味しさです。

材料（2人分）

加熱用牡蠣 500g
昆布出汁 200ml
オリーブオイル 大さじ2
醤油 大さじ1
ニンニク（スライス） 2かけ
唐辛子 1本
漬け込み用オリーブオイル 大さじ5
大根 1／3本

作り方

① 大根おろしをたっぷり用意して牡蠣にまぶしながらよく洗う。
② 唐辛子は輪切りにしておく。
③ フライパンにオリーブオイルを引き、牡蠣を炒める。火が入ったら昆布出汁と醤油を加え汁がなくなるまで煮る。
④ 耐熱の保存容器に牡蠣・ニンニクのスライス・唐辛子を入れ、漬込み用オイルをたっぷり入れる。

出し殻を使用した momoko バゲット

今は亡き大事な友人の名前の付いたレシピです。カナダのバンクーバーでの生活で鰹節は大事な貴重品。削り器で丁寧に鰹節を削っていました。出し殻もすべて使い、いつも美味しいものを工夫して作ってくれました。白ワインにも合いますし朝食にしても。何より無駄がないことがうれしいことですね。そのうえ飛び切り美味しいのです、ぜひ！

材料（2人分）

スライスしたバゲット 6枚
鰹節出し殻 大さじ1
マヨネーズ 大さじ3
醤油 大さじ1
パルミジャーノ・レッジャーノ 大さじ1／2

作り方

① 出し殻を乾かしてマヨネーズを入れ醤油で味を調える。
② すり立てのパルミジャーノ・レッジャーノを入れ、全体をよく混ぜバゲットに塗る。
③ オーブンで表面に焼き色がつけばでき上がり。

私の好きな味噌

日本は出汁と味噌の国、それぞれの地方に独自の出汁の文化があり、それにふさわしい味噌があります。醤油についても同じです。江戸風は濃い口醤油を好みますが、関西では薄口醤油、九州では少し甘めの醤油の使用頻度が高いなど、食文化の広がりは素晴らしく興味は尽きません。

　味噌は米味噌、麦味噌、豆味噌、混合の味噌と大きく分けられます。味噌は大豆と塩でつくります。そこに米麹を加えるか、麦麹を加えるか、豆麹を加えるかで異なりますし、それぞれをブレンドした混合の味噌も美味しいものです。

　味噌づくりを始めてから味噌や醤油、麹、酢、ごま油と和食にかかせないものへの憧憬は深まるばかりです。

カネナ味噌

　味噌をつくるとき、麹は生麹を購入したり乾燥した麹を入手してつくりますが、手をかけて麹からつくる味噌屋もあります。そんな味噌の一つに、カネナ味噌があります。

麹づくりには手間と時間がかかります。大麦と米を蒸し、味噌の麹菌をまいて、味噌麹を醸すところから始まります。麹のでき具合により、味噌のできが左右されますので慎重に作業します。通常2泊3日の作業になり、その間、温度、湿度を管理しながら、麹菌の付き具合、麹のでき具合を調整していきます。

　南九州特有の大麦を使ったこの味噌は、大麦と米で麹をつくり、食塩と大豆を混ぜ、熟成させます。

　大麦の味噌は香ばしい香りがし、米味噌は甘めになります。その両方のいいところを取っている味噌といえるでしょう。どちらかといえば甘めの味噌は、豚肉にとても合うのです。豚汁はこの味噌を使うと本当に美味しくでき上がります。

豚汁

材料（2人分）

豚肉切り落とし　100g
大根　1／3本
人参　1本
ごぼう　1本
木綿豆腐　1丁
煮干しと昆布の出汁　1.5L
一味または七味
白髪ネギ　少々(飾り用に)
カネナ味噌　大さじ1／2

作り方

①　豚肉は小口切り、大根と人参はいちょう切り、ごぼうはささがきにする。豆腐は手でちぎる。

②　鍋にサラダオイル大さじ1を入れ、豚肉を軽く炒め、野菜と豆腐を入れる。

③　全体に油がまわったら出汁を入れ、煮る。アクは丁寧に取り除く。

④　③が煮えたら味噌を溶き入れる。器に盛り、白髪ネギを添えて、一味か七味をかけてどうぞ。

江戸味噌

江戸味噌の美味しさにひかれ製造元の河村社長に話を伺うことができました。

江戸味噌は江戸生まれの味噌でありかつては江戸じゅうでつくられ、江戸っ子たちが常食していたそうです。当時よりこの味噌は、白味噌、仙台味噌、田舎味噌(麦味噌)、八丁味噌と共に日本を代表する「5大味噌」として知られていたとのこと。

しかし明治期半ば以降徐々に衰退し、先の戦争での製造禁止を契機に世の中から姿を消してしまいます。

それから70余年、偶然見つけた昭和初期の古い文献中の記述をきっかけに、戦前のさまざまな文献を紐解き試作を重ねて、製造元の日出味噌醸造元さんが現代の東京で復活を果たしました。最初に食したとき、そのフレッシュな生の美味しさに驚かされました。

江戸味噌は短期間でつくられます。塩を減らし、蒸した大豆の温度が高いうちに、多量の米麹を贅沢に加えて混ぜ、発酵を一気に進めるのです。約2週間~20日間、夏ならわずか10日で味噌ができ上がります。

雑菌の繁殖を抑えながら、短期間で良質の味噌をつくる。現代の私たちから見ても、極めて合理的かつ洗練された技術によるものでした。

そんな贅沢な味噌が復活し購入できるようになりました。私は味噌のモッツァレラと呼びたいと思います。この味噌のフレッシュさは味噌汁にも素晴らしいのですが、美味しい日本酒のあてにも。というわけで、カリカリの蕎麦の実の食感がやみつきになる蕎麦の実を使用したレシピをご紹介します。

蕎麦の実味噌焼き はんぺんと共に

材料(2人分)

蕎麦の実 30g
白味噌 30g
江戸味噌 10g
万能ネギ 1本
茗荷(あれば) 1個
鰹節 3g
酒 大さじ1/2
みりん 大さじ1/2
はんぺん(薄切り) 1枚

作り方

① フライパンで蕎麦の実を香ばしい香りが出るまで焦がさないように乾煎りする。
② 鍋に酒、みりんを入れ火にかける。白味噌、江戸味噌、蕎麦の実、万能ネギ、茗荷、鰹節を入れてよく混ぜる。
③ はんぺんに②を塗り、トースターで焼き目をつける。

イヅツ白味噌

香川県はいりこが人気の伊吹島という産地があります。その島にも近い観音寺で製造されている白味噌です。白味噌は京都も有名ですが、香川県の地元では白味噌と麦味噌をブレンドし、日々のお味噌汁を仕立てているそうです。

香川県は3つのエリア（西讃・中讃・東讃）に分かれ、エリアによって使うお味噌も変わるとか。各家庭の味ですね。日本の食文化の豊かさを感じます。

関西風お雑煮

関東風と関西風の違いは「お餅の形」ということはよく知られていますが、元は関東でも丸餅が使用されていました。丸餅は縁起のよい満月の形からきており、豊作を祈願してお正月に食べるようになったとのこと。しかし江戸時代、100万都市であった江戸の人々はたぶん現代人のように忙しい生活。手間のかかる丸餅をやめて、切るだけでよい切り餅になりました。

すまし仕立てと味噌仕立てについては、味噌仕立ての方が歴史があり、京都で古くから食されていたため関西で広まったという説が一般的です。また関東は武士が味噌をつける（失敗すること）を嫌って、すまし仕立てにすることが多くなったともいわれます。

ご紹介する関西風お雑煮は白く仕上げるのが特徴、丸餅でも四角餅でもぜひ焼き餅ではなく餅を煮て仕上げてください。

材料（2人分）

- 鮪節 20g
- 羅臼昆布 10g
- 水 1L
- 三つ葉 4本
- 飾り麩 4個
- 餅 4個
- 白味噌 大さじ3

作り方

① 分量の水に昆布を入れ、一晩冷蔵庫で寝かせる。

② 昆布ごと鍋に入れ弱火で10分程度煮る。

③ 昆布を引き上げ、鮪節を入れ鍋に蓋をして出汁を取る。

④ 2分後、蓋をしたまま火を止め、そのまま3分。

⑤ 餅は水煮にする。

⑥ 出汁を温め、三つ葉を入れ白味噌を加える。

⑦ お椀に材料を入れ最後に飾り麩をのせ、白味噌出汁を盛りましょう。

自家製
丹波産黒豆の味噌

購入した味噌とは一味違う美味しさにひかれ、長年味噌づくりをやってきました。数年前から、味噌づくりのプロであり乾物マエストロ仲間のH先生のところに通っています。それまで自己流でやってきたことの間違いやより美味しくつくるコツなどを伝授いただきました。最初のころは黄大豆だけでしたが、最近は黒豆のコクを生かし自家製味噌をつくっています。

丹波の極上黒豆と乾燥した米麹と塩だけでつくるシンプルな味噌で、1年経つとあめ色から黒に近くなります。

黒豆味噌はバターとよく合うので、今回はバター入り味噌汁をご紹介します。

私はあえて何も入れず、アツアツのバターをひとたらし、この旨味は格別です。

具材が欲しいときはジャガイモや玉ねぎが合います。

オリジナルバター味噌汁

材料（2人分）

自家製丹波産黒豆味噌　大さじ1〜（お好みで）
バター　小さじ2
鰹節出汁　600ml
ジャガイモ　小1個
玉ねぎ　1／2個

作り方

① 鰹節出汁を温め、野菜は拍子切りもしくは千切りにします。
② 出汁に野菜を入れて煮込みます。少々のアクは気にせずに。
③ 最後に味噌を入れ、バター小さじ2を入れます。

chapter

4

「日本食」という宇宙

出汁がなければ和食ではないといえるほど「出汁」は和食にとって必須の決め手です。

和食にとっての出汁の重要性や新たな可能性に気付いた世界中のシェフたちの手により、他の料理に生かそうとする新しい次元への潮流が巻き起こっています。出汁の素材たちはフレンチやイタリアンの世界で生き生きと活躍し始めているのです。

２０１３年11月、農林水産省は、日本の伝統的な食材の普及を目的としてフランスの著名な料理人とコラボする「日本に出会う」展（A la rencontre du Japon）をパリで開催しました。この事業には、八木長本店が厳選した羅臼昆布、鹿児島県の鮪削り節、鳴門産の糸わかめも選ばれ、世界的に有名な三つ星シェフであるアラン・デュカス氏とその仲間が使うことになりました。私はこれらの食材の使用方法を伝授するため、製造者の方たちと渡仏しました。

アラン・デュカス料理学校では、フランスのスペシャルシェフたちが日本の伝統的な食材を使って腕をふるい、日本料理の範疇を超えた料理に仕立てる、リアルな過程を見るという体験をさせていただきました。

彼は「ゲストを満足させる料理の80パーセントは食材で決まる」と言っているそうです。奇しくも魯山人と同様の言葉です。魯山人は「料理の美味不味は、十中八、九まで材料の質の選択にあり」と言っていますから。

この貴重な体験によって、私は素材の持つ力を再認識し、これを生かし切ることがどれだけ世界の料理においても重要であるかを身をもって学びました。

さらに、世界初の女性三つ星シェフとそこに働く日本人女性が、日本の出汁をはじめ、抹茶や柚、山椒を使って素晴らしい料理の数々を作り出している姿を見て、和の素材の限りない可能性に胸が躍りました。

私は、出汁をはじめとする和の素材の重要性や新たな可能性を間近で体感することで、基本を大切にしつつも、出汁の新しい姿を考えるようになりました。

皆さんも出汁素材の奥深さやブレンドの楽しさを体感してください。出汁の宇宙はますます広がりを見せてくれています。

極上化学調味料なしのラーメン

丸鶏スープと特別仕立ての和風出汁で作ったダブルスープを味わうラーメンです。具材をあまり入れずにスープの味をお楽しみください。

材料（4人分）

［出汁① 丸鶏スープ］
- 水 1・5L
- 丸鶏骨 1羽分
- 玉ねぎ 1／2個
- 生姜 1個
- ニンニク 1～2かけ
- 干し椎茸 2個
- 長ネギ青い部分 3本分
- 飾り用に赤唐辛子のスライス 少々
- 白髪ネギ 少々

［出汁② 魚介のスープ］
- 水 1・5L
- 混合削り節（厚削り）
- 宗田鰹節鯖節室鯵節をブレンドしたもの 各50g
- 昆布 5g
- 鳥節（※） 50g

［①②を合わせた後の味付け］
- 醤油 大さじ3
- みりん 大さじ2
- 砂糖 小さじ2
- 塩 小さじ1と1／2ほど

作り方

① 丸鶏骨は2時間、ごとごと煮出す。

② 生姜は皮ごと5㎜幅ほどに切り、ニンニクは縦半分に切って加える。

③ 出汁①の丸鶏骨以外を鍋に入れて強火にかける。沸騰したら丸鶏骨を取り出し、アクを取ったら、弱火よりやや強めの火加減にして、スープが軽く沸く状態を保つ。

④ 出汁②の材料を別の鍋に入れ、強火にかける。

⑤ アクを取り除いたら、弱火よりやや強めの火加減にして、スープが沸く状態を保つ。

⑥ それぞれのスープは2時間程度かけて半分ほどにする。濾して両方を合わせ、調味料を入れる。

⑦ ラーメンをゆでスープを入れ、ネギと赤唐辛子を散らしお召し上がりください。

※鳥節　鰹節の製法で鳥を加工して削ったもの。

湯葉チップス

材料（2人分）
干し湯葉 1袋
サラダオイル 1カップ
塩 少々
ペッパー 少々

作り方
① 湯葉は手で割る。あまり細かくしないで。
② サラダオイルを鍋に入れ、160~170度に熱し、数秒間でさっと揚げる。焦げやすいので注意！
③ すぐに軽く塩を振り、お好みでペッパーをひいて。

※干し湯葉を一袋買って残ってしまったという方もぜひおためしください。ヘルシーな大豆のスナックです。

干瓢とカリカリベーコンの炒め物

材料（2人分）
栃木県産干瓢 10g
ベーコン 4枚
ニンニク 1かけ
オリーブオイル 少々
塩、コショウ 各少々

作り方
① 干瓢をよく水で洗う。
② 塩少々でよくもむ。全体が柔らかくなったら塩を洗い流し、15分もみながら水で戻す。
③ 鍋に湯を沸かし干瓢を全量入れて軟らかくなるまで5分程度煮る。引き上げて水にさらし、よく水切りしてから3~4cmに切る。
④ ベーコンは1cm幅に切る。
⑤ フライパンにオリーブオイルとニンニクを入れ温めたら、ニンニクを取り除き、ベーコンを入れる。カリカリになったら干瓢を入れて炒め、塩、コショウをしてでき上がり。

国産桜エビのケークサレ

簡単なサラダをつけてブランチにぴったり。ワインによく合いますよ！

材料（2人分）

A 薄力粉 80g
ベーキングパウダー 3g
粉チーズ 30g

B 卵 1個
牛乳 50g
オリーブオイル 45g
塩 少々

C 玉ねぎ 1／4個
パプリカ 1／4個
木耳 2枚
芽ひじき 10g
国産桜エビ 8g

作り方

① Cの乾物3品を水で戻す。
② 芽ひじきと桜エビをみじん切りに。木耳も食べやすい大きさに切る。
③ Aをふるいにかけ、さっくり混ぜる。混ぜすぎないこと。
④ Bはボウルに入れて混ぜておく。
⑤ A、B、Cを混ぜ合わせる。
⑥ パウンド型にクッキングシートを敷いて、190度のオーブンで30分ほど焼いたらでき上がり。

出汁醤油のアイスクリーム

濃厚な自家製アイスクリームの上に、はちみつで少し甘みをつけた出汁醤油をかけて。甘党にも辛党にも好評です。意外な美味しさをお楽しみください。

出汁醤油

材料

鰹節　厚削り　1枚
昆布　5g
醤油　300ml

作り方

醤油と鰹節厚削り、昆布を保存容器に入れて冷蔵庫へ。昆布は2日後に取り出す。鰹節は使いきるまで、1か月はそのままで保存可能。

濃厚なアイスクリーム

材料（2人分）

生クリーム　200ml
砂糖（黒糖または赤砂糖）　80g
卵　1個
出汁醤油　大さじ1
はちみつ　大さじ1

作り方

① ボウルに生クリーム、砂糖、卵（全卵）を入れ、ミキサーで約2分泡立てる。
② 最初の2倍程度の分量になったら、醤油とはちみつを加え、さらに10秒軽く混ぜる。
③ 蓋のできる耐熱容器に入れて、冷凍庫に入れて固める。
④ 3時間ほどで固まるので、スプーンですくって盛りつける。

出汁醤油にはちみつを混ぜたものを用意し、上からかけましょう。

キャラメルナッツ&ビーンズ

国産煎り黒豆、大豆とナッツをソフトキャラメルでコーティングしました。ジャムの代わりにクッキーに塗ったり、アイスクリームに添えたり。時間が経つと少し豆類はしっとりしますが、またそれが美味しいのです。

材料（2人分）

生クリーム 300ml
本みりん 300ml
煎り黒豆 50g
煎り大豆 50g
クルミ 30g
アーモンド 30g
カシューナッツ 30g
いずれも無塩のもの

作り方

① 煎り黒豆、煎り大豆、クルミ、アーモンド、カシューナッツは一度フライパンでから煎りしましょう。より香ばしくカリッと仕上がります。
② 鍋に生クリームと本みりんを入れ中火にかけて煮る。
③ ふつふつしたら弱火にして煮詰め、固まり始めたら火を止めバットに流し入れる。
④ ナッツをまんべんなく入れ、粗熱が取れたら冷蔵庫へ。

出汁の記憶

春

私が生まれたのは東京日本橋のたもと、北詰めにある八木長本店の八代目八木長兵衛（１９２８～２０１９）宅、八代目の長女として誕生しました。育った場所は七代目長兵衛（１８８９～１９６１）の疎開先だった北鎌倉です。目の前を横須賀線が通り、一日中信号のある踏切の音が鳴り響く家《うち》でした。しかしひとたび家を出れば奥深い円覚寺の境内があり、遊び場所には困らない自然豊かな環境でした。

山道を駆け上がり親友のT子ちゃんの家に行くのが幼い頃の日課。茅葺屋根の邸の広い庭ではおよそ田舎の楽しみはすべて体験できた気がします。

春になれば広い庭でヨモギを摘み、臼で餅をつき草餅を作るお手伝い。小豆あんや砂糖がまだまだ贅沢品であったあの頃、甘いあんこづくりのお手伝いは何を押しても参加したい子供たちの楽しみごとでした。

梁の大きな木が天井にあり大黒柱がある家。大家族のその台所には毎日たくさんの食材が積み上げら

1

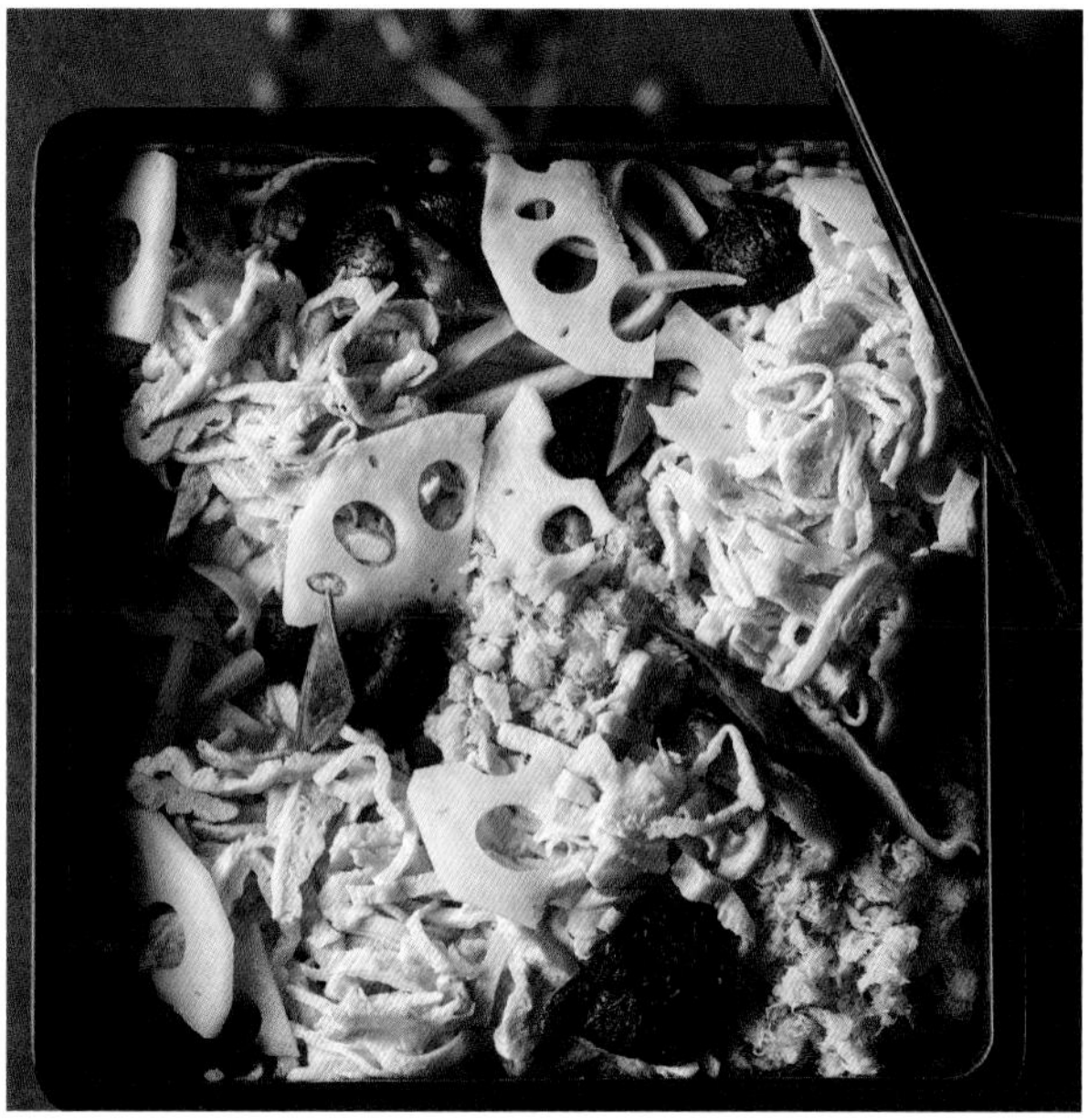

2

れ、大きな台所で目を見張るほどのさまざまな料理が作られ、子供心に心がおどりました。食いしん坊で何としても美味しいものが食べたい、という素地はこの体験からかもしれません。

我が家といえば、母は春になれば子供たちを連れて大きなかごを持ちつくしを摘みに裏山へ出かけます。摘み立てのつくしは、ざるの上で袴を取って天日干し。

鰹節の出汁を取り甘辛い味付けで七代目八木長兵衛の妻である祖母が、採り立てのつくしを調理してくれました。祖母の部屋には炉がおいてあり、ちょっとした煮炊きは火鉢で行うのが常でした。祖母の鰹節をかく音、部屋中に漂う出汁の香り……。祖母の思い出は鰹節の出汁につながります。

いちばんに春を告げるのは庭中にある梅の木の花、次に桃が濃いピンク色の花を咲かせます。裏庭には小さな竹林があり、一家の消費には十分なたけのこが採れました。

たけのこは頭を出したらすぐ掘らないと、たちまち青竹になってしまいます。掘り立てのたけのこはアクが強く、ぬかで茹でたっぷりの出汁で炊く。大鍋から薫る鰹節の香りとたけのこの美味しさ。穂先の軟らかな部分は特に美味しくて、きょうだいで取り合いになりました。

鰹節と昆布で丁寧に吸い地をつくり、醤油で味を調えた新わかめとたけのこのお吸い物、丁寧に出汁で炊いたたけのこごはんの食卓。庭の山椒の木から新芽を取り手のひらでひとたたき、パンと音をさせると山椒の強い香りが立ち上ります。ひとひらをたけのこごはんにのせて……。春が香ります。

4

3

1 野菜ちらし寿司／たらの櫻でんぶ

2 黒豆の煮方／黒豆のラム酒漬け

3 田作りと胡桃のはちみつ炊き

4 大福いんげん豆の出汁すり流し

・レシピは88、89頁に掲載しています。

出汁の記憶

夏

北鎌倉の夏の庭。長い竹の棒で梅を落とすのは、昔も今も子供たちの楽しみ。大人たちは梅干しや梅酒づくりに忙しく、その手元をじっと見ていた私は、やがてつくる側の人になりました。

梅は採り切れないほど。肉の厚い梅、肉は薄いけれど梅酒に向く梅と、一口に梅といってもさまざま。梅が干し上がり、まだ熱い太陽にさらされて温かい梅を包丁で刻み紫蘇葉も刻み、削り立ての鰹節とまぜて炊き立てのごはんと共に。

井戸の周りには紫蘇や茗荷が山のようになり、のちに東京に住むようになると、紫蘇を八百屋で購入しなければならないなんて、とため息をついたものです。

夏の庭といえば草むしりも子供たちの仕事の一つ。取っても取っても生えてくる草に、草むしりが永遠に続く気がしたものです。

冷房などない暑い夏の夜に蚊帳を吊り、窓を開け放した部屋でこっそり食べるのは、まだ熟していな

1

2

い庭のスモモ。思い出しても甘酸っぱさが口中に広がります。

夏の午後、庭に出ると頭上からセミの声がシャワーのように降り注ぎます。セミのすさまじい鳴き声は頭の中がゴーゴー鳴るほどです。

庭の裏手から坂を上って八雲神社の境内を通り、さらに山道を歩くと円覚寺に行きつきます。円覚寺の境内にある幼稚園に通う日々の思い出は、セミのゴーゴーいう鳴き声ばかり。

遊び疲れて家に帰れば、鰹節の香りがいっぱいのそばつゆをつけて食べる特別冷たい素麺。その美味しさは、冷房のない家だからこその美味しさではなかったかしら。そばつゆの中に採れ立ての紫蘇や茗荷を忍ばせる美味しさは母から学んだことの一つです。

1 梅干し

2 冷たい出汁茶漬け

3 おかかの焼き飯

4 ミズタニ風おかかにぎり

・レシピは89、90頁に掲載しています。

4

3

出汁の記憶

秋

私の子供の頃は夏が過ぎ台風の多い時期が過ぎると、今とは違って十月には一気に秋がきて、セーターなしではいられない季節になりました。

柿の実がたわわになりキンモクセイの香りが庭中に漂う頃、落ち葉掻きが子供たちの仕事。子供の半身ほどある大きな熊手のついた掃きぼうきを物置から引きずりだして、庭中の落ち葉の掃き掃除。なかなかの大仕事ですが、ちゃんとお楽しみがついてきました。

落ち葉の中にサツマイモやクリを忍び込ませ、焚火をして焼き芋や焼き栗を作ります。

今より季節が2か月は早く来たのではないかしら。焚火を眺める祖母が、グレーのチェックの肩掛けをして黒っぽい着物を緩く着付けて佇んでいる姿も懐かしい晩秋の光景です。

サツマイモはホクホクをそのまま食べるのもよし、大学芋にしてもよし。

鰹出汁とはちみつ、醤油で作る蜜を絡めた大学

1

2

芋は、祖母から伝えられた大事な味です。

私の料理修業時代のお話をしましょう。

大事な師匠であるE先生には西洋料理、日本料理と多くのことを習いました。先生のレシピは美味しくて思い出の味ばかり。どれもこれも素晴らしい味だけど、私の中では何といっても、秋の日本食でお習いした土瓶蒸しの素晴らしさに代わるものはありません。

料理が完成に至る細かなさまざまな作業の数々。たとえば。

布巾を水に浸し、ていねいに松茸の足の部分の汚れを落とす作業、銀杏の皮むき作業などなどを思い返しています。そして一番重要なお出汁の取り方も。

その出汁の美味しかったこと！

上質な松茸と銀杏の旨味とお出汁、ちょうどよい温度加減とは何か。そして塩加減の重要さ。それは夏に食するのか秋に食するのかで変わることも教えていただきました。

秋口になりそろそろ梨やブドウが出回り始めるといつもその光景を思い出します。

さて。

土瓶蒸しですが、土瓶蒸し用の道具が必要、購入できるのは秋から冬にかけてのみ、食器や道具を売る店先に並びます。

使い方は上にのるおちょこ型の器にまず出汁を入れて一口、蓋を外して中身を食べ、また、おちょこで出汁を。松茸の香りがこれほど生かされる一品もないでしょう。そして松茸に柚子をひとひら。日本の秋をご堪能ください。

1 伊達巻き風オムレツ
2 きのことひじきのかやくごはん
3 和風スペアリブ
4 冷たい浸し豆のデザート マスカルポーネと共に
・レシピは90、91頁に掲載しています。

3

4

出汁の記憶

冬

冬になればお手伝いのKさんが白菜を山のように庭に運び込みます。井戸の周りに大ざるを並べ井戸水で洗った白菜を並べ、寒くキンとした空気のなか、冬の日差しを浴びた白菜がキラキラ輝きます。木の樽を並べ、白菜を並べて漬け込む音が聞こえます。

今よりずっと冬は寒く、冬らしい冬。井戸水の周りには氷が張り朝早く起きて水の透明な美しさにみとれた記憶と共に、日本のサラダともいえる白菜のサクサクした美味しさは懐かしい味、今も私の大好物です。

漬物には醤油瓶に鰹の厚削りひとひら、昆布ひとひらを入れ柚子を搾って作る冬の味。我が家の柚子出汁醤油を漬物にほんの一たらし、そして炊き立てのご飯の香り。

日本人として炊き立てのごはんと、取り立ての出汁で作るお味噌汁に勝るごちそうはないと思っています。そしてぜひ、その〝できたて〟にこだ

1

2

わってください。鰹節で出汁を取りアツアツで出されたお味噌汁などの汁ものと白菜漬けの組み合わせこそが私の料理の原点です。

冬の光景といえば。

私は3歳の頃よりピアノを学び、高校より音楽大学の附属音楽高校に通いました。

北鎌倉の家も寒い家でしたが通学先は2時間半かけ国立駅まで。都心より温度が2度低いといわれていましたがストーブを囲み（！）暖を取り、木造のレッスン室では小さなストーブで手指の冷たさをしのぐ日々。そんな中、年に一度の期末実技試験の日はよく雪が降りました。テスト直前まで手袋をする人、乾燥が激しく手指の先にワセリンを塗る人などなど、厳しい戦いの場でもあったあの情景の中に私にはけんちん汁がありました。

試験が終わり、また2時間半かけて自宅へ。そんな日は干し椎茸出汁たっぷりの冬野菜がたくさん入るけんちん汁が我が家の定番でした。アツアツの出汁を飲む幸せ。私の中ではピアノの試験とけんちん汁は一つのイメージの中にあります。

そして師走、お重箱が用意され、塗り物の食器が磨き上げられていきます。

お正月前、台所は女たちの戦場のよう。祖母、母、Kさん、懐かしい光景です。

黒豆を炊き、伊達巻を作り、なますを作り、つきたてのお餅を切り分けて……。

準備ができると、また新しい年がやってくるのです。

1 干し椎茸の出汁餡かけ焼き素麺

2 煮干しと昆布出汁で関西風にゅうめん 鶏天を添えて

3 蕪と牛肉の出汁ポトフ

4 大根と牛すじ肉の煮込み

・レシピは91頁に掲載しています。

4

3

野菜ちらし寿司

材料(2人分)
干し椎茸 8枚　干瓢 20g
人参 1／2本　さやいんげん 30g
高野豆腐 2枚　ハス 30g
油揚げ 1枚　酢生姜 適宜
櫻でんぶ適宜　米 2合
出汁昆布 5cm　卵 4個
煎り白胡麻 大さじ5
合わせ酢［穀物酢 1／3カップ
柚子果汁(レモン果汁) 大さじ1
塩 小さじ2　砂糖 大さじ2］
野菜用出汁と調味料［鰹出汁 2カップ
椎茸の戻し汁 2カップ
濃い口醤油 大さじ2　砂糖 大さじ3
みりん 大さじ2］
酢ハス用出汁と調味料［鰹出汁 2カップ
酢 大さじ1　砂糖 大さじ1］

作り方
① 米は洗ってざるにあげ、昆布を一切れ入れて、通常より1割少ない水で炊き上げる。
② 合わせ酢はよく混ぜておく。
③ 高野豆腐は水につけて戻し搾る。油揚げは湯をかけて油抜きする。
④ ③のどちらも短冊切りまたはさいころ切りにする。
⑤ 戻した干し椎茸と干瓢を、鰹出汁2カップと椎茸の戻し汁1カップを加え煮る。最後に高野豆腐、油揚げ、煮物用調味料を加えて煮汁が無くなるまで煮る。
⑥ さやいんげんは莢を取り、塩ゆでにする。(お湯を入れ塩一つまみ入れてさっと煮る)
⑦ 人参は椎茸の戻し汁で煮る。ハスはいちょう切りにし、水にさらす。
⑧ 鰹出汁2カップに、酢大さじ1と砂糖大さじ1を加えハスを煮る。
⑨ 炊き上がった米に合わせ酢を加え、さっくり混ぜる。
⑩ 煎り胡麻を切り胡麻にする。
⑪ 薄焼き卵を作り冷ましたら千切りにする。
⑫ ごはんに煮野菜を混ぜる。飾り用に少し残す。
⑬ 櫻でんぶと薄焼き卵、さやいんげん、酢ハスを彩りよく盛り付け、酢生姜を添える。

たらの櫻でんぶ

材料(4人分)
たら(切り身) 2切れ(約230g)
砂糖 大さじ1　みりん 大さじ1
酒 大さじ1　塩 少々
食紅 少々(なくても可)

作り方
① 湯を沸かして分量外の塩少々を加え、たらを5分ほどゆでて中まで火を通す。水洗いして、皮と骨を取り除く。
② 水気をキッチンペーパーで拭き取り、フードプロセッサーに軽くかけて細かくほぐす。
③ フライパンに調味料を入れて弱火にかけ、②をかき混ぜながら炒る。水分が十分飛んだら、でき上がり。食紅でピンク色にしましょう。

黒豆の煮方

1年間まめに(真面目に)働き、まめに(健康に)暮らせますように、とお正月のおせち料理には欠かせない一品です。なお、黒は道教で魔除けの色ともされています。

材料(2人分)
黒豆 300g　水 1800ml
グラニュー糖または和三盆 300g
醤油 1／4カップ　塩 大さじ1／2
ラム酒 1カップ

作り方
① 鍋に分量の水と調味料を入れる。
② 黒豆全体をやさしく洗う。
③ 新豆は7時間ほど、ひね豆は10時間以上、①の鍋に漬け込む。
④ 豆を中火で煮始める。紙か木の落し蓋の上にさらに蓋をし、沸騰したら全体に出てくる白いアクを丁寧に取り切る。
⑤ ごく弱火で4～5時間炊く。コツは蓋を開けないこと、豆を躍らせないこと。

黒豆のラム酒漬け

黒豆は熱いうちに汁と豆に分けます。一部はラム酒に漬け、あとはお正月の煮豆や箸やすめに。煮汁は煮詰めて豆にからめていくのがお勧めです。
煮あがりの2カップ分をラム酒に漬け込みましょう。2週間ほどするとラムの香りが広がるデザート豆となります。アイスクリームにこの黒豆を添えてきな粉をかけでき上がり。

田作りと胡桃のはちみつ炊き

田植えの肥料であった乾燥したいわしは、田んぼを作るということから田作りと命名されました。また、いわしを肥料とした田んぼは大変豊作であったため、別名ごまめ(五万米)とも。お正月の豊作祈願の食べ物です。

材料(2人分)
田作り 50g　胡桃 100g
鰹出汁 200ml
醤油 大さじ5　はちみつ 大さじ2
三温糖など 大さじ1～2

作り方
① 田作りをフライパンに入れ、ごく弱火でじっくりから煎りする。目安はポキッと折れるまで。
② 胡桃も同様にから煎りする。時間のないときは一緒に炒ってもよい。
③ フライパンから取り出し、出汁と調味料を入れてとろみが出るまで火にかける。全体に泡が出てきたら①②をすばやく全量入れてからめる。
④ あめがつきやすいので大きめのお皿全体にオリーブオイルを塗り、はちみつ炊きを広げて冷ます。

大福いんげん豆の出汁すり流し

濃いスープのようなすり流し。ガーリックトーストにもよく合う和の味です。

材料(2人分)

大福いんげん豆 150g　鰹出汁 300ml
塩 小さじ1　白味噌 20g
エクストラバージンオリーブオイル 少々

作り方

① 豆は前日から水に浸し、新豆は1時間、ひね豆なら4時間ほどゆでる。ゆであがったら飾り用を数粒残しておく。
② ①の豆をフードプロセッサーにかけ、分量の鰹出汁と白味噌を加えさらに混ぜる。
③ なめらかにしたい場合は濾す。夏場はよく冷し、冬は鍋で温めても。
④ 上質のオリーブオイルを少々垂らして。

出汁の記憶

夏

梅干し

北鎌倉の庭で初夏を知らせるのは梅。梅の木があちこちにあり、どれも古木ですが、毎年鈴なりに実がなります。竹の棒で梅を落とすのは子供たちの楽しみ。棒で木をたたくたびに、梅の甘酸っぱい香りが庭中に広がります。

市販の青梅を漬けるときは、少々手間ですがアク抜きが必要です。少し黄色になり始めがうまく漬けられます。無添加の塩だけの梅干しはほとんど市販されなくなり、あれば大変高価になりますので、手作りをぜひ楽しんでください。

材料

梅 5kg(少し黄色くなってきたところで漬ける。青梅の場合はアク抜きが必要)
粗塩 750g(私は15%の割合ですが、減塩の方は10%程度に。その場合はカビが出やすいので途中注意が必要)
焼酎(35度) 150ml
赤紫蘇 1kg(梅の20%程度)
粗塩 200g(赤紫蘇の20%程度)
梅酢 赤紫蘇にひたひた程度の量(梅酢があがってきたらそこから用意しましょう)

漬物容器

中蓋・外蓋がありホーロー引きなど酸に強い容器　重石 5kg程度　盆ざる

作り方

① 梅は傷んだものを取り除き、きれいに洗ってヘタを楊枝で取る。
② 梅をやさしく洗い、布巾で水分をふき取る。
③ 梅に焼酎をまぶす。
④ 容器はよく洗い、消毒して乾かしておく。
⑤ 容器に塩をひとつかみふり、梅を敷き詰めるように並べる。
⑥ 梅一段、塩一段と交互に塩をして重しを上にのせる。

1週間後ぐらい　次の作業

① 梅酢があがってきたら、梅がギリギリかぶるくらいの量を残し、梅酢を引き上げる。引き上げた梅酢は赤紫蘇の下処理に使用する。
② 赤紫蘇の下処理。赤紫蘇の葉を摘んで水で洗い、水気を切る。
③ 大きめのボウルに塩を入れ赤紫蘇をもみ、アク抜きをする。赤黒い汁が出なくなるまで、何度も水をかけてしっかり押しもみを繰り返す。(梅干しの色を左右します)
④ 紫蘇をボウルに入れ、①の梅酢をひたひたにかぶる程度に加え紫蘇をよくもみほぐす。梅の塩漬けに紫蘇をのせて梅酢もすべて入れ、ホーロー容器の中蓋に重しをのせる。
⑤ 2週間くらいして水分が上がってきたら、重しを少し軽いものにして梅雨明けまで待つ。3～4日晴れ間が続くときを狙って天日干しする。

天日干しの作業

① 赤紫蘇を取り出して汁気を切り、盆ざるに1枚ずつ広げる。
② 梅どうしがくっつかないよう間隔をあけて並べる。
③ 日差しが強い日は梅をざるの上でひっくり返し、ホーロー容器の蓋をあけて日光消毒。
④ 日が沈んだらホーロー容器に戻し、同じことを2日繰り返す。
⑤ 3日目からは夜中も干しておき夜露に当てる。
⑥ 5日目になったら保存できる器に保存。よく干した赤紫蘇は細かく切って保存瓶に。

※梅酢もサラダのドレッシングに使用したり、いろいろに使用できます。
※干した赤紫蘇をみじん切りにして茶巾寿司の種に。切り胡麻と赤紫蘇と寿司飯だけの茶巾寿司は、シンプルで感動的な美味しさ。

冷たい出汁茶漬け

夏の台所は煮炊きをすると高温になるので、調理がおっくうになる方が多いかもしれません。でも、上質な出汁があれば、美味しい茶漬けができ上がります。冷やして、さらっと。喉ごしもよく、食欲がないときは、なによりのご馳走です。

材料(2人分)

ごはん 200g　鰹出汁 600ml
梅干し 2個　紫蘇 2枚
茗荷 2本　塩 少々
あればカボス 1個
金煎り胡麻 大さじ1

作り方

① 鰹節の出汁を取り(36頁)塩少々で味を調え、冷やしておく。
② 茶碗にごはんを盛り、梅干し、紫蘇の細切り、茗荷の千切りをのせ、冷やした出汁をかける。
③ お好みで刻んで香りを出した金煎り胡麻をふり、カボスをひと搾り。

おかかの焼き飯

鰹節と長ネギさえあればできる焼き飯は、我が家の定番です。何もないときのお助けメニューとして、暑い日に時間をかけずに作れます。ポイントは鰹節を入れたあと十分に焼き色を付けること。一部パリッとした食感のある焼き飯です。

材料(2人分)
ごはん 300g
鰹節パック 3g入り4パック
太白胡麻油 大さじ2　醤油 大さじ1
みりん 大さじ1
塩 少々　長ネギ 1本
別に振りかける鰹節 1パック

作り方
① フライパンに太白胡麻油大さじ1を入れ、みじん切りした長ネギを炒める。
② ごはんに鰹節を入れて混ぜ、フライパンに投入。
③ 鍋肌にごはんを押し付けるように広げ、太白胡麻油を上から回しかける。
④ 両面を焼いて全体を切るように混ぜ、最後に醤油とみりんを鍋肌に入れて塩で味を調え、火を止める。
⑤ 鰹節1パックを上からかけてでき上がり。熱いうちに。

ミズタニ風おかかにぎり

ミラノで覚えた懐かしい味です。海苔があれば食べる直前に巻きましょう。パリパリで美味しいです。

材料(2人分)
白米 1合　すし酢 適宜
鰹粉削り 大さじ3

作り方
① 白米1合は通常より少ない水加減で炊く。
② すし酢で寿司飯を作り、冷ます。
③ おかかを全体によく混ぜ、握る。
④ お好みで海苔の全型を四角く1／4に切り、2枚で両面を覆う。

伊達巻き風オムレツ

材料(2人分)
はんぺん 1枚(100g見当)　卵 4個
料理酒 小さじ1　砂糖 大さじ1
塩 少々　出汁醤油 小さじ2　油 少々

作り方
① 卵をボウルに入れ、よく攪拌する。
② はんぺんを食べやすい大きさに手でちぎって入れ、調味料を加える。
③ フライパンに油をひき、②を流し入れる。
④ 蓋をして、焦げないように弱火で火を入れる。
⑤ 表面が乾いたらそのままお皿へ。
※巻き簀で巻くときは、温かいうちに巻き上げ、全体をよく押さえて冷めてから切り分けます。オムレツにして熱々を切り分けてお召しあがりください。

きのことひじきのかやくごはん

海の香りたっぷりのひじき。土鍋で炊くかやくごはんはひと味違う美味しさです。

材料(2人分)
芽ひじき(乾燥) 10g　干し椎茸 4枚
人参 20g　油揚げ 1枚
ハス 20g　椎茸の戻し汁 2カップ
砂糖 小さじ2　醤油 大さじ2
みりん 大さじ2　酒 大さじ1
塩 少々　米 2カップ
昆布 1かけ

作り方
① 椎茸は前日から分量より多めの水で戻しておく。
② 米は洗い、ざるにあげておく。
③ 野菜は千切りに、油揚げは湯通しする。
④ 椎茸の戻し汁と調味料で、出汁がなくなる直前まで③を煮る。
⑤ 土鍋に分量の米を入れ、上に④の材料をのせて、水を入れる。水は2カップ少々、材料の分量によって加減する。
⑥ 昆布をのせて炊く。
※ガスの火は、はじめ強火で沸騰したら弱火にして12分ぐらいで炊き上げる。むらし時間も忘れずに。

和風スペアリブ

出汁を使った深みのあるやさしい味のスペアリブ。小さなスペアリブは、よく味が染みます。

材料(2人分)
ベイビーバックリブ 1人8本　リンゴ 1／2個
ニンニク 1かけ　ショウガ 1かけ
玉ねぎ 1／2個　玉締め胡麻油 大さじ2
昆布出汁 1／2カップ　返し 1カップ
白味噌 大さじ1　煎り金胡麻 大さじ1
唐辛子 1本

作り方
① 鍋にすりおろしたニンニク、ショウガ、リンゴを入れ、玉ねぎのみじん切りと胡麻油を入れて香りを出し、唐辛子を加える。
② ①の中に昆布出汁と返し、白味噌を入れて煮詰め、すりたての胡麻を加える。
③ 冷ました②にスペアリブを半日以上、漬け込む。
④ オーブンを180度に温め、③を15分ほど焼く。

冷たい浸し豆のデザート マスカルポーネと共に

材料(2人分)
乾燥青大豆(ひたし豆) 100g
昆布出汁 1カップ　牛乳 2カップ
白味噌 大さじ2　はちみつ 大さじ2
マスカルポーネチーズ 大さじ1
飾り用ナッツ 少々

作り方
① 乾燥青大豆は一晩水につけ戻す。
② たっぷりの水を入れ火にかけ、指先で簡単につぶせるまで軟らかく煮る。

③　ミキサーに豆、牛乳、白味噌を入れ攪拌し、なめらかになったら昆布出汁を入れてさらに混ぜる。
④　冷蔵庫に入れよく冷やします。
⑤　器に盛りつけ上にマスカルポーネチーズとはちみつをかけナッツを飾る。
※ちょっとしたお客様のおもてなしにも使えます。よく冷やした日本茶と。

出汁の記憶　冬

干し椎茸の出汁餡かけ焼き素麺

ショウガは体を温める作用のあるもの。肉や魚が入らず胃の負担も少ない焼き素麺はどなたにも喜ばれる一品です。

材料(2人分)
厚肉どんこ椎茸 6枚　乾木耳 5枚
長ネギ 1本　仙台麩 3枚
人参 1／2本　さやいんげん 6本
醤油 大さじ4　みりん 大さじ3
胡麻油 大さじ2　赤砂糖 大さじ1
片栗粉 適宜　ショウガ 少々
四国徳島県半田素麺 2束

作り方
①　椎茸は1Lの水につけ、一晩冷蔵庫で戻す。戻し汁は出汁に使う。
②　木耳と仙台麩は水で戻し、乾物は食べやすい大きさにスライス。長ネギは斜め切り、にんじんは薄切り、さやいんげんは筋を取る。
③　鍋に胡麻油を入れ②と椎茸を炒め、椎茸の戻し汁を入れて煮る。
④　野菜に火が通ったら、調味料を入れる。
⑤　片栗粉は水で伸ばしその中に出汁を入れ、固まらないようによく溶き④に混ぜる。
⑥　大きめの鍋にたっぷりの湯を沸かし沸騰したら乾麺(半田素麺)を入れる。3分で引き上げ水洗いしてざるにあげる。
⑦　フライパンに胡麻油(分量外)を入れ素麺を丸く置く。小麦粉を表面にふり両面がパリパリになるまで焼き色をつける。
⑧　でき立ての餡を⑦の上にかけて。

煮干しと昆布出汁で関西風にゅうめん鶏天を添えて

材料(2人分)
煮干し 30g　利尻昆布 10g
薄口醤油 大さじ1　塩 少々
半田手延素麺 2束　鶏肉胸肉 1／2枚
片栗粉 少々　ネギ 1／2本
水 2L

作り方
①　昆布と煮干しは水につけ一晩冷蔵庫へ。
②　煮干しを取り除き、昆布を入れて鍋にかけ、弱火で昆布から最後の出汁を取りましょう。
③　別鍋で半田素麺をゆでておきましょう。
④　鶏肉はそぎ切りし、片栗粉をまぶし揚げておきます。
⑤　出汁の味を調え塩醤油で仕上げます。どんぶりに素麺を入れ、出汁を張り、鶏天とネギを飾りでき上がりです。

蕪と牛肉の出汁ポトフ

手間いらずの家庭のスープ。ひと工夫でお客様用にも。

材料(2人分)
牛もも肉塊 600g　セロリ 1本
玉ねぎ 2個　人参 1本
蕪 2個　昆布 30g
水 3L(昆布は一晩冷蔵庫で水出ししておきましょう)
塩、コショウ、醤油 少々

作り方
①　大鍋にオリーブオイルを温め、牛肉を色づくまで炒め別皿に取る。
②　セロリと玉ねぎを①の鍋で炒め、色づいたら牛肉を戻し、昆布出汁を入れる。
③　アクを取り、差し水しながら煮て、牛肉が軟らかくなったら、ぶつ切りの人参と4等分した蕪を鍋に入れる。
④　お客様に出すときは具材とスープを分け、スープを濾して戻し、澄んだスープで。
⑤　味付けは塩、コショウ、醤油をほんの少し。
※ごはんにもパンにも合う一品です。

大根と牛すじ肉の煮込み

コトコト煮込んで、アツアツをどうぞ。一緒に、大根の皮できんぴらも作りましょう。

材料(2人分)
牛すじ肉 800g　大根 中1本
水 2L　日本酒 2カップ
醤油 1／2カップ　鰹出汁 1カップ

作り方
①　牛すじ肉は新しいものを。大根は3㎝ぐらいの厚さで皮をむく。
②　肉は食べやすい大きさに切り、分量外の水とともに鍋に入れる。沸騰したら大根を入れ、ざるにあげる。
③　鍋に大根、牛すじ、鰹出汁、日本酒を入れ、煮立ったら弱火にし、蓋をして3時間ほど煮込む。
④　煮詰まり始めたら醤油を加え、照りが出たら火を止める。

おわりに

日本の食卓は究極の便利さを求めてどんどん進化しています。デパートには焼き魚あり、てんぷらあり、焼き肉弁当あり、スーパーには惣菜があふれています。ピザもパンも焼き立てがスーパーで購入できる。味噌汁もフリーズドライでお湯を入れればすぐアツアツを飲めます。野菜も切る手間が省けるようにカットされていて便利、さらに進化が続いていくでしょう。

まだそこまで惣菜売り場が充実していなかった10年以上前のこと。私にとって一番大事な友人がカナダより帰国して、カナダではありえない光景、と話したのがこの便利な惣菜と、目を見張る美しさで飾られたショーウインドウでした。

何でもあるのね……、とポツリ。

その一方で、当時は干した乾物の豆からたまに虫が出ることがあり、そのクレーム対応で私が駆けずり回る姿を見て、「カナダではありえない、なぜならその豆は虫が美味しいと言っているのよ、なぜそれがわからないの？」と。豆にも規格があり、農薬など使用しない方法で作られている食材ですから、当時はたまに虫も出ました。でも、日本人は真面目ですからできた豆を超低温保存して、豆から虫が出ない工夫をして最近はほとんど、虫が出たという話は聞かなくなりました。最近では海外もデリが増えているようですし、働く女性も増えて時間がない日々の中で便利なものはさらに増えていくのかもしれません。

しかし、天然素材の豆から虫が出ると嫌うのに、どんな素材や調味料や他に何が使用されているのかよくわからないお惣菜は平気、というのも不思議と感じたのでしょう。

そんななか、日本の若い人たちに出汁の素材の話と素材から取る出汁の基本を教えるクラスを始めました。この便利な世の中で習いに来てくださる方がいるのかな、と思いながらでした。

もしかしたら日本文化の継承?! そんなスタンスで来てくださるかな、とも思いました。しかしそこで皆さんに取れ立てのお出汁を飲んでいただくと、その最初の言葉は「感動」、でした。素材の味の力強さ、いつものフリーズドライや出汁パックやインスタント食品などに比べて、あまりにも美味しいこと、そして大変簡単にお出汁が取れることに感嘆して帰宅されます。

ぜひ一度、素材からお出汁を取り、さまざまな料理に生かしてほしいと思います。そしてその後は、レシピにあまりとらわれず自由に想像力を膨らませ、どんな味になるのかウキウキしながらする調理の楽しさを知っていただければ、これにまさる幸せはありません。

索引

編集協力　西山 諒／Bench Susumu Sasaki
撮　　影　神林 環／近藤 哲
翻　　訳　ワットリー 諭子
イラスト　おちあい みかん

西山麻実子（にしやま まみこ）

株式会社八木長本店代表取締役社長（9代目八木長兵衛）
YAGICHO COOKBOOK LABORATORY 主宰
料理研究家
東京生まれ。国立音楽大学ピアノ科卒業。
300年近くにわたり各種出汁の食材などを取り扱う八木長本店の社長を務める傍ら、企業研修、専門学校等における講義、国内外でのワークショップを通じて、日本食に欠かせない乾物食材の使い方、調理方法など和食文化の伝承に貢献している。また気軽にお出汁を楽しむ料理教室（YAGICHO COOKBOOK LABORATORY）を主宰し、毎年多くの卒業生を輩出している。

出《だ》汁《し》という宇《う》宙《ちゅう》

2021年3月3日　第1刷発行

著　者　　西山 麻実子
発行人　　久保田 貴幸

発行元　　株式会社 幻冬舎メディアコンサルティング
〒151-0051 東京都渋谷区千駄ヶ谷4-9-7
電話 03-5411-6440（編集）

発売元　　株式会社 幻冬舎
〒151-0051 東京都渋谷区千駄ヶ谷4-9-7
電話 03-5411-6222（営業）

印刷・製本　中央精版印刷株式会社
装　丁　　松崎 理（yd）

検印廃止

Printed in Japan
ISBN 978-4-344-93018-6 C0077

幻冬舎メディアコンサルティングHP　http://www.gentosha-mc.com/